VINCENT JAROUSSEAU

LES RACINES DE LA COLÈRE

DEUX ANS D'ENQUÊTE DANS UNE FRANCE QUI N'EST PAS EN MARCHE

BANDE DESSINÉE PAR EDDY VACCARO

LES ARÈNES

MOBILE LIVES
FORUM
VIES MOBILES

Ce projet a d'abord été un reportage réalisé pour le Forum Vies Mobiles. Institut de recherche indépendant, le Forum s'attache à explorer nos déplacements, leurs impacts sociaux (santé, réseau familial et amical) et environnementaux (organisation des territoires, pollutions, réchauffement climatique...). Interrogeant l'injonction qui nous est faite à nous déplacer toujours plus, il cherche à imaginer des solutions répondant aux aspirations des citoyens.

www.forumviesmobiles.org

AVANT-PROPOS

Au printemps 2016, Emmanuel Macron, alors ministre de François Hollande, lance son mouvement En Marche !. Le choix de ce nom est lourd de sens. C'est une injonction : il faut bouger pour s'en sortir. Quelques semaines avant son élection à la présidence de la République, en mai 2017, je me suis installé à Denain, petite ville de 20 000 habitants dans le nord de la France, ancien bassin minier prospère, aujourd'hui enlisé dans le chômage et la pauvreté. J'y ai suivi le quotidien de familles issues de milieux populaires pour qui la mobilité n'est pas toujours une solution. Pendant deux ans, j'ai écouté des personnes le plus souvent invisibilisées dans les représentations médiatiques et j'ai tenté de restituer dans ce livre la vie d'une France qui n'est pas « en marche ».

AU DÉBUT DES ANNÉES 1970, DENAIN COMPTAIT UN PEU MOINS DE 30 000 HABITANTS. CETTE CITÉ SITUÉE AU CŒUR D'UN VASTE BASSIN INDUSTRIEL ÉTAIT ALORS À L'APOGÉE DE SON HISTOIRE. USINOR, COMME AUPARAVANT LES MINES, APPORTAIT DU TRAVAIL. ON Y PRODUISAIT 10 % DE L'ACIER FRANÇAIS. BERNADETTE A AUJOURD'HUI 80 ANS, ELLE RACONTE LA VILLE DE SA JEUNESSE.
LES SAMEDIS, ICI C'ÉTAIT LA BRADERIE DE LILLE. TOUT LE MONDE DESCENDAIT DANS LES MAGASINS, MARCHAND FRÈRES ! PROMOD ! V 2000 ! ON VENAIT EN TRAMWAY POUR SE RENDRE DANS LE CENTRE, ON Y TROUVAIT TOUT ! C'ÉTAIT FOU !
IL Y AVAIT QUATRE CINÉMAS RIEN QU'À DENAIN ! LE CENTRAL, L'ALCAZAR, LE GAUMONT-GUERRE ET LE NOUVEAU MONDE.
CINÉ CENTRAL
COMME TOUT LE MONDE, JE PRENAIS MON VÉLO POUR ALLER TRAVAILLER AU CHANTILLY, UN BON RESTAURANT QUI EXISTE ENCORE. MON PERMIS, JE L'AI PASSÉ À 47 ANS, J'AI EU UN COURAGE PHÉNOMÉNAL !
Le chantilly
Le chantilly

AVEC MES COPINES, ON ALLAIT SOUVENT AU BAL.
IL Y AVAIT QUATRE DANCINGS DANS LE CENTRE-VILLE.
Dans les bals populaires
les "raquels" du Samedi
du bleu sur les paupières
tournent tournent tournent aussi
ON AVAIT PAS BESOIN DE SORTIR DE DENAIN, ON AVAIT TOUT CE QU'IL NOUS FALLAIT POUR NOUS DISTRAIRE. TOUT LE MONDE SE CONNAISSAIT. LES GENS SE DONNAIENT LA MAIN. C'EST PAS COMME MAINTENANT.

AVEC JEAN-BAPTISTE, MON MARI, ON A EU 6 ENFANTS, 2 FILLES ET 4 GARÇONS.
IL TRAVAILLAIT JUSTE À CÔTÉ, À USINOR. C'EST LÀ QU'IL EST TOMBÉ MALADE AVEC SA COMBINAISON D'AMIANTE.
GRÂCE AU COMITÉ D'ENTREPRISE D'USINOR, ON PARTAIT PARTOUT EN VACANCES. C'EST AU PAYS BASQUE QUE MA FILLE AÎNÉE, SYLVIANE, EST TOMBÉE AMOUREUSE À L'ÂGE DE 17 ANS. ELLE EST RESTÉE LÀ-BAS ET Y A CONSTRUIT SA VIE.
POUR NOUS, LA FAMILLE C'EST TOUT ! ON AIMAIT BIEN SE RETROUVER, FAIRE LA FÊTE, MAIS AUSSI SORTIR LE DIMANCHE. IL N'Y AVAIT PAS LA TÉLÉ COMME MAINTENANT, ON BOUGEAIT PLUS.

BERNARD ET JEAN-MARIE, AUJOURD'HUI À LA RETRAITE, ONT CONNU L'APOGÉE D'USINOR.

LE SITE ÉTAIT SI VASTE QUE JEAN-MARIE NE CONNAISSAIT PAS TOUT LE MONDE, MAIS IL POUVAIT CIRCULER PARTOUT ET SALUER SES CAMARADES.
BERNARD S'EST TRÈS VITE ENGAGÉ DANS LE SYNDICALISME. APRÈS AVOIR ADHÉRÉ À LA CFDT, IL S'EST TOURNÉ VERS LA CGT, OÙ IL S'EST FAIT ÉLIRE AU COMITÉ CENTRAL DE L'ENTREPRISE.
CGT
ADHÉREZ À LA CGT !
L'USINE, TEL UN MONSTRE GÉANT, NE S'ARRÊTAIT JAMAIS. LA NUIT TOMBÉE, SES CHEMINÉES PLOMBAIENT LE CIEL. AVEC LES COULÉES DE FONTE QUI FAISAIENT UN BRUIT ASSOURDISSANT, ON VOYAIT ROUGIR LES NUAGES.

LE QUARTIER DU NOUVEAU MONDE A ÉTÉ FAÇONNÉ PAR USINOR : LA SALLE BAUDIN, QU'ON APPELLE LA SALLE DES FÊTES D'USINOR, A ÉTÉ FINANCÉE EN 1910 PAR LA SOCIÉTÉ DES FORGES DE DENAIN-ANZIN, ANCÊTRE D'USINOR.
L'ÉGLISE DU SACRÉ-CŒUR FUT INAUGURÉE EN 1906 ET PRESQUE ENTIÈREMENT FINANCÉE PAR LES FORGES.
DANS LE BÂTIMENT DE L'ÉCOLE DES FORGES, LES PROFESSEURS ÉTAIENT PAYÉS PAR USINOR POUR FORMER SES EMPLOYÉS.
L'ENTREPRISE A PERMIS L'OUVERTURE DU CINÉMA LE NOUVEAU MONDE.
cinéma Le nouveau MONDE
LES ENTREPRENEURS TANT DES MINES QUE DE LA SIDÉRURGIE CONSIDÉRAIENT AINSI LE LOGEMENT DES FAMILLES OUVRIÈRES COMME UN DEVOIR SOCIAL. LA CITÉ WERTH, CONSTRUITE À PARTIR DE 1928, ÉTAIT ALORS CE QUI SE FAISAIT DE MIEUX DANS L'HABITAT.

BERNARD ET JEAN-MARIE SE RETROUVAIENT PARFOIS POUR BOIRE UN VERRE AU BISTROT, LE DENAIN ATHLÉTIQUE.
ON EST PAS BIEN ICI ?
BAH OUI ! POURQUOI ALLER AILLEURS ? ON A TOUT, LE TRAVAIL, LES COPAINS, LE CINÉMA, LE DISPENSAIRE ET MÊME LE FOOT !
ON PEUT VIVRE EN AUTARCIE FINALEMENT !

JEAN-MARIE ÉTAIT LE GARDIEN DE BUT DE L'ÉQUIPE ESPOIR DU DENAIN ATHLÉTIQUE CLUB. IL A MÊME DISPUTÉ LA COUPE GAMBARDELLA DEVANT 2 500 SPECTATEURS, SANS COMPTER CEUX QUI ÉTAIENT ASSIS SUR LE TOIT DE L'USINE.

CETTE PÉRIODE D'INSOUCIANCE PREND BRUTALEMENT FIN LE 12 DÉCEMBRE 1978. LE NOUVEAU PDG D'USINOR, CLAUDE ETCHEGARAY, ANNONCE DEVANT LE COMITÉ CENTRAL D'ENTREPRISE, À PARIS, L'ARRÊT DE LA PRODUCTION DE LA FONTE ET DE L'ACIER ET, PAR CONSÉQUENT, LA SUPPRESSION DE PLUS DE 5 000 EMPLOIS SUR 6 790 À DENAIN. CETTE ANNONCE S'INSCRIT DANS UN PLAN GLOBAL DE 12 000 SUPPRESSIONS D'EMPLOIS SUR LES TERRITOIRES DE DENAIN, VALENCIENNES ET LONGWY EN LORRAINE. LE CHOC EST TERRIBLE, C'EST UN MONDE QUI S'ÉCROULE POUR DES MILLIERS DE FAMILLES, SANS COMPTER LES DIZAINES DE MILLIERS D'AUTRES TOUCHÉES INDIRECTEMENT PAR CE PLAN DE FERMETURE.
UNE INFORMATION TRÈS GRAVE VIENT DE NOUS ÊTRE COMMUNIQUÉE, ON PARLE DE 5 000 LICENCIEMENTS À DENAIN !!!
C'EST PAS POSSIBLE, ON VA PAS SE LAISSER FAIRE !
IL FAUT DÉBRAYER DÈS DEMAIN, MONTER À PARIS !
JE N'Y CROIS PAS, AVEC TOUS LES MILLIONS INVESTIS CES DERNIÈRES ANNÉES POUR MODERNISER L'USINE !
À DENAIN, C'EST PAS VRAIMENT NOËL EN CE MOIS DE DÉCEMBRE 1978.
CHEZ NOUS C'EST LE MOMENT DE CROI
au père Noël
CGT VIVRE TRAVAILLER DECIDER AU PAYS
M
MESSIEURS RAYMOND BARRE - ETCHEGARAY
SES PARENTS,
LES PARTENAIRES DU MARCHÉ COMMUN, LES CRS,
LEURS AMIS,
ont la douleur de vous faire part de la perte cruelle qu'ils viennent d'éprouver en la personne de
USINOR-DENAIN
décédée paraît-il, à Paris le 12 décembre 1978
L'INHUMATION N'AURA PAS LIEU

LE 13 DÉCEMBRE 1978, LA BRIGADE DU MATIN, SOIT 3 000 OUVRIERS, TECHNICIENS ET CADRES, DÉBRAYE À L'APPEL DE TOUS LES SYNDICATS. ELLE SE RASSEMBLE DEVANT LES BUREAUX DE LA DIRECTION. LA RIPOSTE S'ORGANISE.
LES MÉTALLOS DES HAUTS-FOURNEAUX SONT EFFONDRÉS. TOUTE UNE VIE PASSÉE DEVANT LA FONTE LIQUIDE. ILS NE SAVENT FAIRE QUE ÇA, QUE VONT-ILS DEVENIR ?
ILS VEULENT LA GUERRE, ILS VONT L'AVOIR !

C'EST DU JAMAIS-VU À DENAIN. TOUS LES MAGASINS ET BUREAUX SONT FERMÉS. PLUS DE 25 000 PERSONNES PARCOURENT LES RUES DE LA VILLE. LA MANIFESTATION EST PACIFIQUE, LE FROID ET LA TRISTESSE MARQUENT LES VISAGES.

À PARTIR DE LA FIN JANVIER, LE TON SE DURCIT. LE REFUS DU GOUVERNEMENT BARRE DE RECONSIDÉRER LE PLAN DE FERMETURE DE LA PRODUCTION D'ACIER À DENAIN ENFLAMME LA LUTTE.

LE 6 FÉVRIER 1979, ALORS QUE LES NÉGOCIATIONS SE POURSUIVENT SUR LE PLAN DE SUPPRESSIONS D'EMPLOIS, LA COLÈRE EXPLOSE À NOUVEAU. LE DIRECTEUR EST RETENU DANS SON BUREAU.

LE 7 MARS 1979, DENAIN CONNAÎT DES HEURTS D'UNE GRANDE VIOLENCE.
LES AFFRONTEMENTS AVEC LA POLICE SE POURSUIVENT UNE PARTIE DE LA NUIT, FAISANT DE NOMBREUX BLESSÉS.
À 23H15, UN TIREUR ISOLÉ S'APPROCHE DU COMMISSARIAT, SEPT CRS SONT ATTEINTS AUX JAMBES PAR DES BALLES DE CARABINE.
DES DIZAINES DE MILLIERS DE SIDÉRURGISTES VENUS DE DENAIN MAIS AUSSI DE LORRAINE CONVERGENT VERS PARIS POUR UNE GRANDE MANIFESTATION. MAIS RIEN N'Y FAIT, L'ARRÊT DE MORT D'USINOR EST ACTÉ.
CGT - CFDT - FO - CG
FRONT COMMUN SYNDICAL
USINOR BASSIN DE LONGWY
FSM

Quarante ans plus tard, Jean-Marie et Bernard reviennent sur les friches d'Usinor.

MAIS TOUT ÇA C'EST DERRIÈRE NOUS...
FINI, TERMINÉ...

De l'énorme complexe, il ne reste aujourd'hui plus rien ou si peu. Pudiquement, cette zone est désormais affublée d'une appellation anonyme, la zone d'activités des Pierres-Blanches.

Les rares hangars encore sur pied sont devenus des refuges pour les jeunes du coin.

Depuis dix ans, un chantier titanesque de dépollution de la friche a été lancé. Des millions de tonnes de terre ont été déplacés. Le site est aujourd'hui en cours d'aménagement. Les autorités annoncent l'arrivée prochaine de plusieurs entreprises de logistique et pharmaceutique.

LA FRANCE

Denain n'est pas la France. C'est l'une des villes les plus pauvres de France. Les chiffres sont particulièrement éloquents : un niveau de chômage de plus de 35 % — et de 55 % chez les jeunes —, un taux de pauvreté qui flirte avec les 45 %. Les électeurs de Denain ont largement voté pour Marine Le Pen à l'élection présidentielle (à 57,46 % contre 42,54 % pour Emmanuel Macron, l'un de ses plus mauvais scores) et ont élu le porte-parole de cette dernière, Sébastien Chenu, à l'Assemblée nationale. Ici, seuls 54 % des habitants en âge de voter sont inscrits sur les listes électorales, contre 73 % à l'échelle nationale. Si l'on se réfère aux suffrages du second tour de la présidentielle et que l'on tient compte de l'abstention, des votes blancs et nuls, Emmanuel Macron ne recueille que 25 % des voix contre 43,6 % au niveau national.

Naguère, cette région était pleinement productive, elle participait activement à l'enrichissement du pays. À partir du XIXe siècle, Denain devient un espace hors norme. S'y déploie un bassin industriel tentaculaire : mines de charbon et sidérurgie. Mais en l'espace d'une vingtaine d'années, au tournant

DE DENAIN

de la fin des années 1970, la désindustrialisation massive meurtrit la ville et ses alentours. Les blessures sont partout : dans la rareté du travail, la pénurie des commerces, les paysages en friche. Les emplois industriels, délocalisés en Chine pour la plupart, n'ont jamais été compensés par d'autres, malgré les promesses et les politiques publiques visant à redynamiser le bassin.

Aujourd'hui, la plupart des Denaisiens ne font confiance à personne. Ici, comme dans le reste de la France, les classes populaires n'ont jamais cru à la promesse d'un « nouveau monde ». La fracture existait avant, pendant et après l'élection présidentielle. Mais cet écart, le jeune président de la République a largement contribué à le creuser.

Denain est emblématique de cette France que certains ont qualifiée de « périphérique ». Ni complètement urbaine ni rurale, éloignée des centres de décision et du pouvoir, Denain, c'est la France des plans sociaux, de l'abstention et du vote FN, des habitants qui s'organisent en une sorte de « contre-société », attachés pour certains à l'enracinement social et familial, à des valeurs traditionnelles. On est très loin du projet présidentiel d'En Marche ! et de ce qu'il valorise, à savoir la mobilité.

Si les milieux populaires ont intégré la nécessité d'être mobiles, nombreuses sont les personnes modestes dont la liberté de mouvement est contrainte, voire entravée : par la société et ses règles, qu'elles soient économiques, juridiques ou sociales. Ces freins sont d'autant plus mal vécus que la capacité à se déplacer est aujourd'hui une condition *sine qua non* pour avoir un emploi.

À travers cette série de portraits, j'ai voulu donner la parole à des personnes le plus souvent invisibilisées dans les représentations médiatiques, et ainsi montrer les fractures qui menacent notre modèle démocratique. J'ai tenté aussi d'interroger cette distorsion entre ceux qui possèdent le pouvoir et ceux qui éprouvent, à l'inverse, le sentiment d'en être dépossédés.

Certaines vies sont contraintes par le travail, comme celles de Michaël, Tanguy, Adrien ou Jean-Yves qui doivent parcourir des centaines de kilomètres chaque semaine. Ils travaillent dans le bâtiment, les travaux publics, les transports, et leur périmètre d'action est immense. D'autres, comme celles de Loïc ou Fatma, sont circonscrites dans un périmètre plus restreint, mais la mobilité y est contrariée par différents freins : l'absence d'un permis de conduire, d'un véhicule en état de marche ou des contraintes administratives. Enfin, il y a ceux, comme Guillaume, Aline, Christian, Christiane ou Manu, dont les vies sont immobiles, cantonnées à la maison, à la famille, au quartier.

Le mouvement des Gilets jaunes a mis en exergue le fait qu'une partie du pays ne s'intéresse plus réellement à l'autre partie. Celle qui a du mal à boucler les fins de mois, celle dont le quotidien est bouleversé par la raréfaction de l'emploi et son éloignement, celle qui ploie sous la fatigue de devoir faire des centaines de kilomètres pour s'en sortir.

Le regard porté sur cette France est méfiant. On s'intéresse davantage à son vote, à l'expression supposée de ses opinions sur les réseaux sociaux, qu'à sa vie.

Ma démarche a été de représenter la vie de ces classes populaires, dans sa vérité la plus crue, sans l'idéaliser.

Niveau d'études
CAP Cuisine

Revenu mensuel
810 € nets
Contrat d'insertion
à temps partiel
depuis décembre 2018

Moyens de transport
bus, tram, TER

Temps passé dans les transports chaque jour 2 h 30 / 3 heures

Distance parcourue chaque jour 30 km

Destination la plus lointaine
Sochaux (542 km)

Nombre de départements de résidence 5
(59, 62, 25, 14, 95)

LOÏC

La première fois que j'ai rencontré Loïc, c'était en septembre 2017. Je prenais le tram entre Denain et Valenciennes et je rencontrais quelques difficultés à valider mon titre de transport. Gentiment, Loïc m'aida à le composter. On engagea la conversation.

Loïc, 33 ans, a vécu une enfance difficile, marquée par des violences intrafamiliales, des placements en famille d'accueil et en foyer. Dès l'âge de 16 ans, il commence à travailler à la chaîne, en intérim, dans les usines de production automobile autour de Valenciennes, puis à Sochaux. Quand le travail se raréfie dans ce secteur, il est obligé de revenir à Denain. La violence qu'il a connue plus jeune le rattrape. Il passe par la case prison mais continue d'avancer, obtenant, depuis sa cellule, un CAP Cuisine. Quand il en sort, il décroche un contrat dans un restaurant du Val-d'Oise. Il est alors hébergé chez une collègue et rentre en train tous les week-ends à Denain. Il finit par quitter cet emploi alors que ses heures supplémentaires ne lui sont pas payées.

QUAND J'AI UN RENDEZ-VOUS, JE PRÉVOIS TOUJOURS DE VENIR UN QUART D'HEURE AVANT.
3 HAULCHIN
4 DOUCHY

AVEC LES TRANSPORTS EN COMMUN, Y A L'ATTENTE, DES RETARDS, C'EST LONG ! LES HORAIRES SONT PAS TOUJOURS RESPECTÉS.

Novembre 2017.
Loïc a rendez-vous avec l'association Wimoov Denain, une structure d'aide à la mobilité pour les personnes en difficulté. Loïc, lui, cherche un moyen de financer son permis de conduire.

[1] CCAS : Centre communal d'action sociale.

ON VA VOUS LES OUVRIR, LES PORTES. ON PROPOSE DES MICROCRÉDITS. VOTRE PROJET EST BON. MAIS CE QUI EST INDISPENSABLE, C'EST DE VOUS RÉINSCRIRE À PÔLE EMPLOI.
ILS M'ONT RADIÉ, CARRÉMENT RADIÉ, PARCE QUE JE SUIS EN FORMATION. POURTANT, JE SUIS PAS PAYÉ.
EN ATTENDANT QUE LE PROJET PERMIS SE METTE EN PLACE, ON PEUT VOUS METTRE À DISPOSITION UN SCOOTER OU UN VÉLO ÉLECTRIQUE.
MOI, MÊME S'IL Y A 30 KM À FAIRE, QU'IL NEIGE, QU'IL PLEUVE, ÇA ME DÉRANGE PAS, JE SUIS PAS FAINÉANT !
DÈS QUE VOUS AVEZ BESOIN, VOUS POUVEZ FAIRE UNE DEMANDE, C'EST 1,50 EURO PAR JOUR MAIS ON A BESOIN D'UN CHÈQUE DE CAUTION.
J'AI PAS DE CHÉQUIER.
DEPUIS PAS MAL D'ANNÉES, ÇA N'AVANCE PAS, JE RECULE. PERSONNE NE VEUT M'AIDER AU NIVEAU DE L'ÉTAT, MAIS J'ESSAIE DE FAIRE AU MIEUX.
ÇA PEUT S'ARRANGER MAIS LE PLUS IMPORTANT, C'EST L'INSCRIPTION À PÔLE EMPLOI, SINON JE PEUX RIEN FAIRE.
JE SAIS QU'IL Y AURA TOUJOURS DES PAPIERS, DES PAPIERS, JE ME DIS : QU'EST-CE QU'IL LEUR FAUT ENCORE ?

Loïc a rencontré Tatiana en septembre 2017 à la gare de Valenciennes. Ce fut le coup de foudre. La jeune femme décide de quitter sa ville de Liévin, située à l'autre bout du Bassin minier, et son compagnon d'alors, pour s'installer avec lui à Denain.

Janvier 2018. C'est le 5 du mois, jour de versement du RSA. Loïc et Tatiana ont sollicité leur ami André pour les emmener chercher du tabac en Belgique, à 30 km de Denain. Le père de Tatiana les a également rejoints.

Ils ne sont pas les seuls ce jour-là à se rendre de l'autre côté de la frontière, à Quiévrain. Attirés par le tabac vendu à des prix cassés, nombre de Nordistes se ravitaillent chez nos voisins belges.

Février 2018. La juge des affaires familiales a rendu sa décision : Lally vivra une semaine chez son père à Liévin, l'autre semaine chez Loïc et Tatiana à Denain.

Loïc et Tatiana ne disposent que de 700 € de RSA pour vivre. Pour se nourrir, ils sont obligés, comme beaucoup de familles, d'avoir recours au soutien des associations de solidarité. Ils se rendent à l'épicerie sociale du Secours populaire.
HEUREUSEMENT QU'IL Y A LE SECOURS POPULAIRE. EUX, ILS ME FERMENT PAS LES PORTES. J'AI VU MADAME DUFOUR, LA MAIRE. J'AI EXPLIQUÉ MA SITUATION, J'AI DEMANDÉ DES AIDES POUR TRAVAILLER À LA COMMUNE, ELLE M'A REFUSÉ. JE LUI AI DEMANDÉ POURQUOI. ELLE M'A RÉPONDU À CAUSE DU PRÉSIDENT, PARCE QU'IL ENLÈVE LES EMPLOIS AIDÉS.
ÇA FAIT 23,53 EUROS.
JE VÉRIFIE. OUI, C'EST BIEN ÇA.

C'est la Ducasse de Denain, l'une des rares distractions qui anime la ville pendant l'hiver. Loïc et Tatiana viennent y passer un peu de bon temps.

AUTOS SKOOTER
CHEZ FABIEN
LA
CO
STE

Mars 2018. Loïc et Tatiana se sont installés chez le père de la jeune femme, Serge, à Liévin. Sous contrôle judiciaire jusqu'en 2020, Loïc doit remplir un certain nombre d'obligations dont celle de solliciter l'autorisation du juge d'application des peines en cas de déménagement dans un autre département. Et Liévin est située dans le Pas-de-Calais.

[1] SPIP : Service pénitentiaire d'insertion et de probation.

Tous les mois, il doit se présenter devant son conseiller.

Si l'on additionne le temps passé depuis le départ de Denain pour se rendre au SPIP de Valenciennes et le retour à Liévin, Loïc aura passé plus de 4 heures entre le tram, les bus, le TER et la marche à pied, pour 10 minutes de rendez-vous.

Juin 2018. La décision du juge d'application des peines est tombée : Loïc n'est pas autorisé à déménager à Liévin. Il ne peut quitter le département du Nord que trois jours de suite et uniquement s'il décroche un contrat ou une mission d'intérim. Il est contraint de revenir à Denain. Les relations avec Tatiana se dégradent. Ce matin-là, Loïc a décroché une mission d'intérim de deux jours à Liévin. Pour se rendre sur place, il a pris le premier tram à 5 h 22.

Il est 8 h 15. Le train ne va pas au-delà de Lens. Il lui reste 20 minutes de bus ou la marche à pied.

adidas

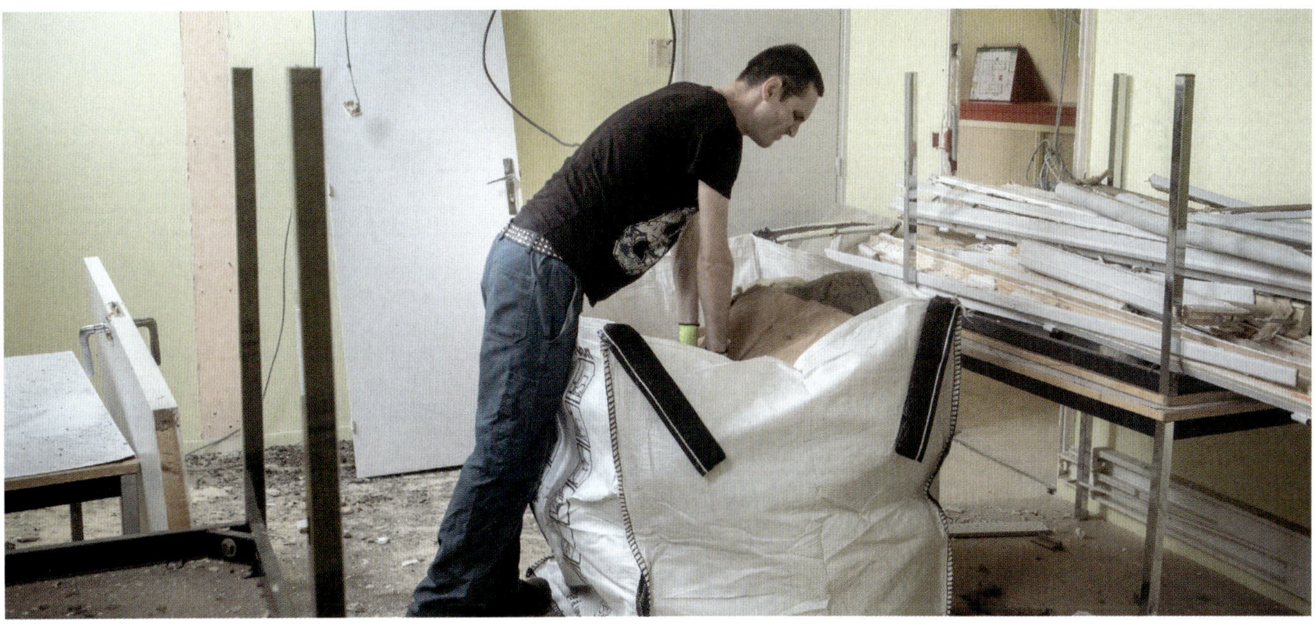

LE PATRON M'A DEMANDÉ DE REMPLIR LES GRANDS SACS DE DÉCHETS ET DE LES DESCENDRE. COMME ÇA JE FAIS MON SPORT !

Juillet 2018.
Loïc s'est séparé de Tatiana il y a quelques semaines. Il peut compter sur sa mère pour l'aider.

DEPUIS L'ÂGE DE 7 ANS, JE VAIS TOUJOURS DE L'AVANT, C'EST GRÂCE À MON GRAND-PÈRE. AVANT QU'IL MEURE, IL ME PARLAIT. IL M'AVAIT TOUJOURS DIT QUE, MALGRÉ LES DIFFICULTÉS, IL FAUT AVANCER DANS LA VIE. IL SAVAIT LES PROBLÈMES QUE J'AVAIS. QUAND JE PASSAIS DEVANT LE JUGE POUR ENFANT, TOUS LES ANS, ON ME PROMETTAIT QUE JE POURRAIS REVENIR CHEZ MA MÈRE, ET À CHAQUE FOIS, JE RESTAIS AU FOYER OU DANS LES FAMILLES D'ACCUEIL.
QUAND J'AI EU 13 OU 14 ANS, J'ARRÊTAIS PAS DE FUGUER, JE FAISAIS 43 KM EN STOP ET À PIED POUR RENTRER CHEZ MOI. TOUS LES CONSEILS DE MON GRAND-PÈRE, JE LES ÉCOUTAIS. IL ÉTAIT MINEUR À WALLERS. MOI, JE TROUVAIS QUE C'ÉTAIT LE PLUS BEAU MÉTIER.

Septembre 2018. Loïc est chez son ami Éric. Les deux hommes refont le film de leur virée entre Denain et la banlieue nord de Paris avec une voiture sans permis.

J'EN AI DÉJÀ EU PAS MAL DES VOITURES SANS PERMIS. ÇA PERMET DE BOUGER TRANQUILLEMENT. J'AI PERDU MON PERMIS À CAUSE DES PERTES DE POINTS.

APRÈS, J'AI ROULÉ AVEC LES PAPIERS DE MON FRÈRE MAIS JE ME SUIS FAIT AVOIR PAR LES FLICS. DEPUIS, J'AI JAMAIS VOULU LE REPASSER.
MOI, JE VOUDRAIS LE PASSER.

MA VOITURE, ELLE EST PRATIQUE. JE DÉMARRE, JE M'EN VAIS, PAS BESOIN DE REGARDER LES HEURES DE BUS.
BZ 071 KR

Décembre 2018. Après un rendez-vous à l'agence Pôle emploi, Loïc a accepté un contrat d'insertion au sein de l'association du CAPEP (Comité d'action pour l'éducation permanente) à Raismes, à une dizaine de kilomètres de Denain. Avec ce contrat, il retrouve l'habitude d'un travail régulier. Il est affecté pour l'instant à différentes tâches d'entretien à raison de 24 heures par semaine contre une rémunération nette de 810 euros par mois. Sa conseillère lui a indiqué qu'il allait pouvoir bénéficier d'un financement intégral du permis de conduire.

DEPUIS LA RENTRÉE, JE ME SUIS INSCRIT AU FOOT ET J'ENCADRE DES PETITS LE MERCREDI. AVEC TOUS LES PROBLÈMES QUE J'AI EUS, J'AI VOULU ME CHANGER LES IDÉES : PROBLÈME DE COMPTE, PAS DE PERMIS, PAS DE TRAVAIL, PAS D'ARGENT ET HEUREUSEMENT J'AI EU CE RENDEZ-VOUS À PÔLE EMPLOI QUI A TOUT CHANGÉ. ÇA ÉVOLUE ENFIN, MAINTENANT, ON M'ÉCOUTE ET ILS TIENNENT LEURS ENGAGEMENTS.

ANZIN
Anzin Hôtel de Ville
JE METS 1 H 20 POUR REVENIR DU BOULOT, MAIS LÀ JE SAIS POURQUOI J'AI DEMANDÉ À ME FORMER POUR ÊTRE COUVREUR.
LIGNES DE TRAMWAY

Niveau d'études
BTS Maintenance industrielle

Revenu mensuel 1 600 € nets (en décembre 2018)

Moyens de transport
voiture et camionnette de livraison

Temps passé dans les transports chaque jour 11 heures

Distance parcourue chaque jour
entre 400 et 500 km

Destination la plus lointaine
Paris (194 km)

Nombre de départements de résidence 1 (59)

TANGUY

À 20 ans, Tanguy connaît déjà le poids des responsabilités. Il porte les espoirs de sa famille pour avoir été le premier à obtenir le baccalauréat, puis poursuivre ses études au-delà. Né à Denain, il y a toujours vécu avec ses trois frères et sœurs — Rodrigue, Kimberley et Mandy. Sérieux, travailleur, il voudrait goûter un autre destin que celui de ses parents, Guillaume et Aline, qui sont depuis des années au chômage et vivent dans la précarité. Tanguy est convaincu que trouver du travail est une histoire de volonté. Il se verrait bien construire une famille avec Manon. Ils se sont rencontrés à l'âge de 15 ans. Tanguy pratiquait le vélo avec les frères de Manon dans le club de cyclisme de la ville voisine de Douchy-les-Mines. En cet été 2017, Tanguy et Manon caressent tous les deux l'espoir de décrocher un job et de voler ainsi de leurs propres ailes, mais pas trop loin de la famille.

Juillet 2017. Tanguy apprend qu'il a obtenu son BTS Maintenance industrielle.

Tanguy a passé son permis de conduire dès l'âge de 18 ans. Il l'a financé seul grâce à des petits boulots d'été.

Manon a quitté ses parents, ses trois frères et sa sœur à 16 ans. C'est Guillaume, le père de Tanguy, qui l'a « exfiltrée ». Elle ne supportait plus l'autorité parentale. Après avoir vécu plusieurs mois dans un foyer à Valenciennes, elle a emménagé avec Tanguy dans un studio à Denain.

[1] TAP : Temps d'activité périscolaire.

Diplôme en poche, Tanguy profite un peu de l'été. Il n'est jamais parti en vacances, que ce soit seul ou en famille. Mais la voiture lui offre la possibilité de sortir un peu de Denain. Avec Manon, son frère Rodrigue et son cousin Allan, ils se rendent au Rieulay, une base de loisirs aménagée sur d'anciens terrils. Ils ont prévu de récupérer des petits cousins et cousines de Manon.

JE SUIS L'AÎNÉ DE LA FAMILLE, J'AI UNE RESPONSABILITÉ VIS-À-VIS DE MES FRÈRES ET SOEURS. JE DOIS LEUR MONTRER L'EXEMPLE, LEUR MONTRER LES BONNES CHOSES, LES AIDER QUAND ILS ONT BESOIN. IL FAUT ÊTRE SÉRIEUX SI ON VEUT RÉUSSIR DANS LA VIE. JE VEUX TROUVER UN BOULOT, MÊME SI C'EST PAS DANS MA BRANCHE. J'AI DÉPOSÉ DES CV DANS LES ENTREPRISES DU COIN, RÉPONDU À DES ANNONCES SUR INTERNET. SANS SUCCÈS POUR LE MOMENT.

Septembre 2017. Tanguy vient d'être embauché en CDD dans une entreprise de transports en travail de nuit. La journée, il dort, puis sort faire les courses avec Manon au supermarché de Denain, en chassant les promotions.

Tanguy est venu avec Manon saluer ses parents avant de partir au travail. Guillaume et Aline habitent dans le même quartier. Ils sont bien contents que leur fils ait trouvé un emploi.

Il est 22 h 30, Tanguy est arrivé sur le site de l'entreprise de transport, dans une zone d'activités à proximité de l'autoroute A2, à 5 minutes en voiture de Denain.

Il récupère les clefs de sa camionnette et son programme de livraisons de la nuit dans un box sécurisé.

C'EST UNE GROSSE TOURNÉE ! J'AI 25 POINTS DE DISTRIBUTION, LA NUIT VA ÊTRE LONGUE.

JE LIVRE DANS DES MAISONS DE RETRAITE, DES HÔPITAUX, DES ÉCOLES, UNE PRISON. ENTRE LE RETRAIT DU CAMION À LA SORTIE DE LA VILLE, SON CHARGEMENT SUR LE QUAI D'UNE USINE À MAUBEUGE ET LES LIVRAISONS MINUTÉES VERS TOUS LES POINTS DE LIVRAISON, J'AI PAS LE TEMPS DE M'ENNUYER.

C'EST VRAI QUE C'EST FATIGANT, IL N'Y A PAS GRAND MONDE QUI TIENT SUR CE POSTE. 42 HEURES PAR SEMAINE, POUR 10 EUROS DE L'HEURE ET UNE SEULE NUIT DE REPOS, LE SAMEDI. C'EST PAS FACILE. J'AIMERAIS BIEN QUE, LÀ-HAUT, ILS NOUS RECONNAISSENT UN PEU. 1 500 EUROS PAR MOIS POUR AUTANT DE TRAVAIL, C'EST PAS CHER PAYÉ ! MAIS BON... AU MOINS JE SUIS PAS À L'USINE, AVEC UN CHEF SUR LE DOS... ICI J'AI MA LIBERTÉ.
EK-174-TF

Grâce au contrat de Tanguy et à la caution de sa grand-mère, le couple s'apprête à louer une maisonnette avec deux chambres, baignoire et jardinet, repérée sur Leboncoin pour 560 euros par mois. Leur future ruelle, deux longues rangées de maisons mitoyennes, toutes de briques, donne sur la voie du tramway. Leur porte est à moins de 100 mètres de chez les parents de Tanguy.

LOGIBAIL
446 BTR 59

30

Niveau d'études
Aline : CAP Service à la personne
Guillaume : sans diplôme

Revenu mensuel
1 100 € nets de RSA

Moyens de transport
marche à pied et voiture

Temps passé dans les transports chaque jour
entre 0 et 30 minutes

Distance parcourue chaque jour
entre 0 et 10 km

Destination la plus lointaine
Disneyland (204 km)

Nombre de départements de résidence 1 (59)

GUILLAUME ET ALINE

Guillaume, 44 ans, et Aline, 40 ans, ont quatre enfants : Tanguy, Rodrigue, Mandy et Kimberley. Aline et lui ont toujours vécu à Denain qu'ils ne quittent que très rarement. À l'exception d'éphémères contrats d'intérim et autres emplois aidés, Guillaume comme Aline ne travaillent pas. Pour survivre, ils ne peuvent compter que sur les prestations sociales. Guillaume essaie tant bien que mal de se débrouiller pour gagner un peu d'argent. Avant de rencontrer Guillaume, j'avais repéré sa voiture, magnifiquement tunée, garée devant chez lui.

Mai 2017. Mandy et Kimberley sont rentrées de l'école avec Aline. Guillaume est resté à la maison toute la journée, même s'il est souvent debout dès 5 h 30.

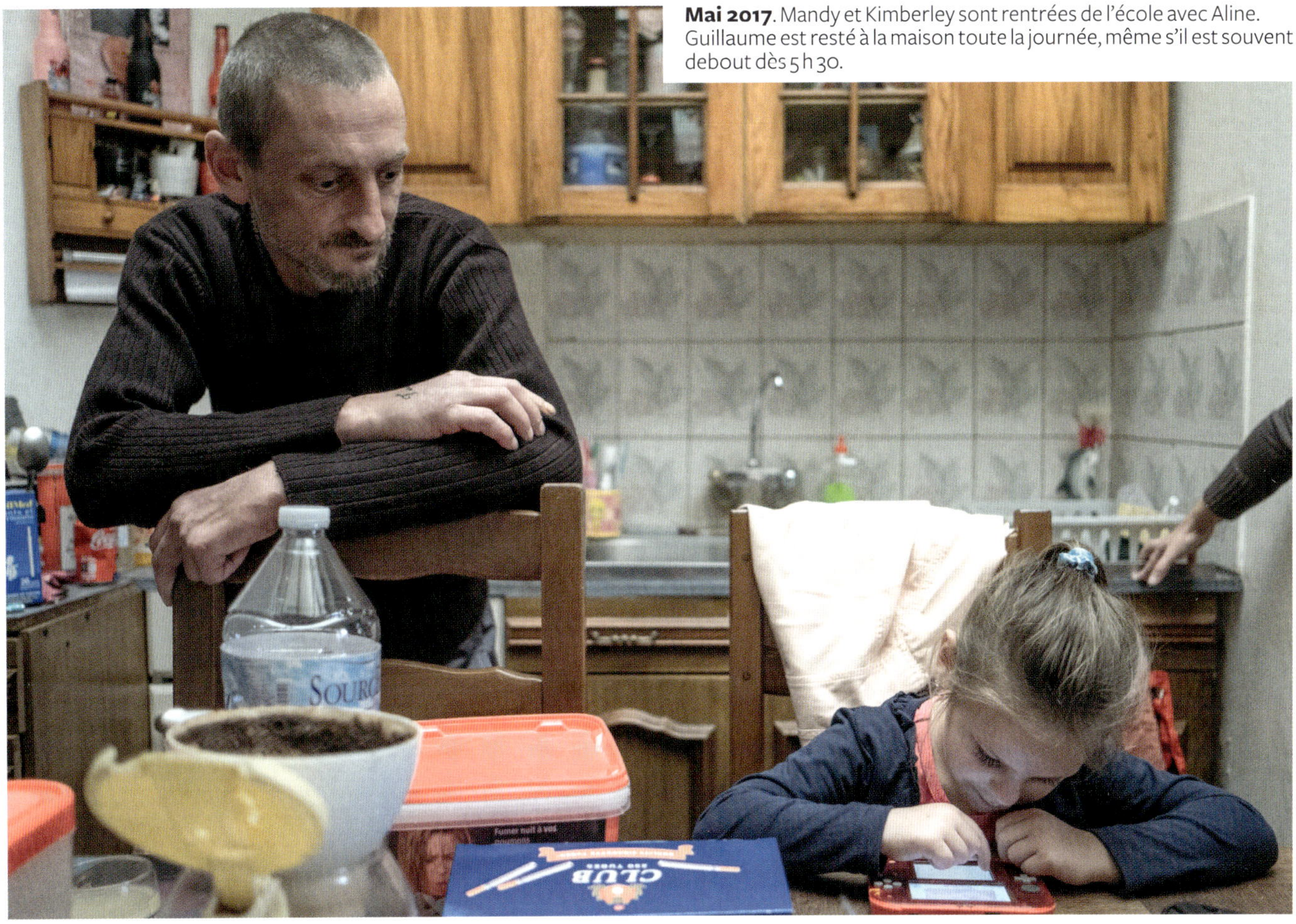

Guillaume épluche des catalogues de promotions et organise le parcours et le calendrier des achats en fonction des bonnes affaires. Un jour à Aldi, l'autre à Lidl, le suivant à Carrefour.

Octobre 2017. Aline réveille ses deux filles à 7 h 30. Elle les amène à l'école, l'élémentaire pour l'une, la maternelle pour l'autre, située à quelques minutes à pied de leur maison.

ALLEZ MANDY, ON AVANCE !
JE FAIS LE TRAJET ALLER-RETOUR, VERS LES DEUX ÉCOLES, MATIN, MIDI ET SOIR. DÈS QU'UNE SORTIE DE CLASSE EST PRÉVUE ET QU'IL FAUT DES ACCOMPAGNATEURS, ON M'APPELLE. À LA PISCINE, QUAND IL FAUT SÉCHER ET PEIGNER LES CHEVEUX DE TOUTES LES PETITES, JE NE ME DÉBINE PAS. CERTAINES MAMANS PRÉFÈRENT ATTENDRE DEHORS, À FUMER SUR UN BANC.
TRAVAILLE BIEN, À TOUT À L'HEURE !
À CE MIDI MAMAN !

Novembre 2017. Comme souvent le matin, Aline et Guillaume partent faire quelques courses, en fonction des promotions repérées sur les prospectus.
QUAND MON PÈRE EST PARTI ET QUE MA MÈRE S'EST RETROUVÉE SEULE À NOUS ÉLEVER, LES REPAS, C'ÉTAIENT DES PÂTES AU SUCRE.
POUR MES ENFANTS, Y A DE LA VIANDE À TOUS LES REPAS. DE LA CHARAL, QUE J'ACHÈTE EN DÉBUT DE MOIS.
JE PRENDS TOUJOURS CELLE QUI PÉRIME BIENTÔT PARCE QU'ELLE EST VENDUE EN PROMO. ET JE REMPLIS DEUX CONGÉLATEURS POUR ÊTRE TRANQUILLE TOUT LE MOIS.

Carrefour
HEUREUSEMENT, ON PEUT COMPTER SUR LE COLIS DU SECOURS POPULAIRE, TRÈS VITE, ON A PLUS RIEN.

LA VOITURE, ELLE EST BIEN PRATIQUE POUR FAIRE LES COURSES, ELLE NE SERT QU'À ÇA ET AUSSI POUR ALLER EN BELGIQUE, SINON QUELLE GALÈRE CE SERAIT !

JE VAIS CHERCHER LES FILLES.

Décembre 2017. La famille subsiste grâce au RSA, aux allocations familiales et à l'APL – 1 600 euros au total, pour deux adultes et trois enfants à charge. Guillaume essaie de gagner quelques euros à droite à gauche, en déménageant des particuliers avec un ami qui dispose d'une camionnette.

Pour cette matinée de travail, Guillaume empoche 20 euros. Il considère que c'est toujours ça de pris.

Rodrigue est le cadet de Guillaume et Aline. Il est inscrit en CAP de plomberie avec son cousin Allan, le fils de Michaël et Martine. Ils se lèvent tôt pour aller au lycée situé à Marly.

Il est 6 h 30 du matin, les deux adolescents montent dans le tramway. Une heure et demie de trajet les attend pour se rendre de l'autre côté de l'agglomération valenciennoise. C'est trois fois plus long qu'en voiture.

À cette heure, le tramway est principalement emprunté par des scolaires.

À l'issue de l'année scolaire, les deux lycéens obtiendront leur CAP.

Février 2018. Guillaume est toujours au chômage, et tourne en rond chez lui pendant qu'Aline s'occupe des enfants et des tâches ménagères. À part pour faire les courses et les allers-retours à l'école, ils ne sortent quasiment pas de chez eux.

TU VEUX FAIRE UN PEU DE FERRAILLE AU NOIR ? C'EST PLUS POSSIBLE, TU ES SURVEILLÉ. TU ESSAIES DE TE DÉBROUILLER UN PEU POUR GAGNER DE L'ARGENT ? TOUT EST SURVEILLÉ MAINTENANT.
APRÈS, ILS DISENT : LES GENS, ILS VEULENT PAS TRAVAILLER.

MOI, JE PEUX PAS TRAVAILLER. LES FILLES SONT ENCORE TROP PETITES. QUI VA S'EN OCCUPER SINON ?
LES FILLES, ON LES LAISSE PAS TOUTES SEULES DANS LA RUE AVEC TOUT CE QU'ON VOIT AUJOURD'HUI

Mars 2018
LE WEEK-END, MANDY ET KIMBERLEY VONT CHEZ LEUR GRAND-MÈRE. ON Y VA À PIED, CE N'EST PAS TRÈS LOIN.

LES FILLES ONT PLUS DE PLACE POUR JOUER ICI.
MOI, J'AIME BIEN ALLER JOUER CHEZ MAMIE.

ET ELLES ONT LEUR CHAMBRE. SOUVENT, ELLES DORMENT LE WEEK-END, ÇA LEUR FAIT UNE COUPURE.

Mandy et Kimberley sont inscrites à la médiathèque.

Juin 2018. Guillaume a été convoqué par l'agence Pôle emploi de Denain. Il a rendez-vous avec une nouvelle conseillère.
BONJOUR, J'AI RENDEZ-VOUS À 10 HEURES.
VOUS ÊTES ?
GUILLAUME JOOSTEN
MAINTENANT, C'EST MOI VOTRE CONSEILLÈRE AU NIVEAU DE L'ACCOMPAGNEMENT.
J'AIMERAIS QUE VOUS ME PARLIEZ DE VOTRE PARCOURS...
ÇA A CHANGÉ TOUT LE TEMPS.
J'AI FAIT DE L'ESPACE VERT, UN PEU DE BÂTIMENT, UN PEU DE TOUT QUOI. C'ÉTAIT PLUTÔT DANS DES STRUCTURES D'INSERTION. DEPUIS 2011, J'AI PLUS RIEN.
CONCRÈTEMENT, AUJOURD'HUI, VOUS EN ÊTES OÙ ?
TOUJOURS AU MÊME POINT, À LA RECHERCHE D'UN EMPLOI !

JE DÉPOSE DES CV DANS LES ENTREPRISES EN ESPACES VERTS ET EN ENTRETIEN. J'AI JAMAIS DE NOUVELLES. J'AI FAIT DES BOÎTES D'INTÉRIM À VALENCIENNES, PAREIL, ON ME RAPPELLE JAMAIS. MOI CE QUE JE VOUDRAIS, C'EST TRAVAILLER EN EXTÉRIEUR, JE PEUX FAIRE AUSSI DE LA MÉCANIQUE, JE BRICOLE BEAUCOUP LES VOITURES, J'AI DÉJÀ CHANGÉ DES MOTEURS. JE FAIS TOUT MOI-MÊME, ÇA ME COÛTE MOINS CHER. EN BÂTIMENT, J'ÉTAIS PLUS COMME MANŒUVRE. MAIS JE ME SUIS COUPÉ UN MUSCLE DE LA MAIN EN FAISANT DE LA FERRAILLE, J'AI PLUS LA MÊME MOBILITÉ QU'AVANT. JE VOUDRAIS FAIRE UNE DEMANDE DE RECONNAISSANCE DE TRAVAILLEUR HANDICAPÉ MAIS JE SAIS PAS COMMENT FAIRE. J'AI EU BEAUCOUP DE TOURMENTS, BEAUCOUP DE PROBLÈMES.

VOUS AVEZ PENSÉ À FAIRE UNE FORMATION ? SUR NOTRE SECTEUR, SANS DIPLÔME C'EST DIFFICILE DE TROUVER ET MÊME AVEC UN DIPLÔME, C'EST COMPLIQUÉ. EST-CE QUE VOUS VOUS SENTIRIEZ CAPABLE D'INTÉGRER UNE FORMATION QUALIFIANTE ?
BAH OUI, SI ÇA PEUT AIDER À QUELQUE CHOSE. TOUTE FAÇON, J'AI PAS LE CHOIX.
DANS UN PREMIER TEMPS, JE PEUX VOUS POSITIONNER SUR UNE PRÉPARATION À LA FORMATION, POUR VOIR CE QUI EST FAISABLE, ÇA S'APPELLE "PRÉPA COMPÉTENCES". ÇA DURE 8 JOURS MINIMUM JUSQU'À 32 JOURS. EST-CE QUE ÇA VOUS INTÉRESSERAIT ? C'EST PAS RÉMUNÉRÉ.

OUI, POURQUOI PAS.
LE PRINCIPAL DÉJÀ, C'EST DE PLUS RESTER CHEZ MOI À RIEN FAIRE, PARCE QUE MOI, J'EN AI MARRE.

JE PEUX ESSAYER DE VOUS POSITIONNER SUR UNE STRUCTURE D'INSERTION, MAIS LÀ VOUS L'AVEZ DÉJÀ FAIT.
OUI ET PUIS Y A JAMAIS DE SUITES. ON NOUS DEMANDE DE NOUS RESPONSABILISER MAIS PARFOIS JE ME DEMANDE CE QU'ILS FONT DERRIÈRE LEURS BUREAUX. ON N'A JAMAIS RIEN !

Guillaume est allé à la « prépa compétences ».
Il n'a pas trouvé de formation adaptée.
Il attend un retour de Pôle emploi.

Juin 2018. C'est la Coupe du monde de football. Guillaume n'est pas un grand amateur du ballon rond. En revanche, ce type de compétition est un moment à part pour lui. C'est l'occasion de sortir et de parader avec sa voiture.

C'EST COMME AVEC LES 80 KM/H, C'EST DÉBILE ! ON VA ÊTRE OBLIGÉ D'AVOIR LES YEUX RIVÉS SUR LE COMPTEUR, DONC ON NE REGARDERA PLUS LA ROUTE. MOI JE DIS, ÇA VA FAIRE DES ACCIDENTS SUPPLÉMENTAIRES. TOUTE FAÇON, CELUI QUI VEUT ROULER, C'EST PAS ÇA QUI VA L'ARRÊTER.

LÀ-HAUT, ILS NOUS PRENNENT POUR DES MOINS-QUE-RIEN, ON NOUS REPROCHE D'ÊTRE DES POLLUEURS AVEC NOS VIEILLES BAGNOLES. MOI, JE FAIS À PEINE 200 KM DANS LE MOIS. MAIS AVEC LEURS AVIONS, ILS POLLUENT PAS ?
DENAIN
SECURITE
SRVIC

La France vient de battre le Pérou 1 but à 0. La famille a à peine regardé le match. Ce qui compte, c'est la parade en centre-ville. Les voitures vont défiler par centaines, klaxons hurlant pendant deux heures. Ce n'est que le début de la compétition…

12
6

62
ALLEZ LES

6
BLEUS

Niveau d'études CAP Employé de bureau

Revenu mensuel 694 € de RSA

Moyens de transport marche à pied

Temps passé dans les transports chaque jour entre 0 et 15 mn

Distance parcourue chaque jour entre 0 et 1,5 km

Destination la plus lointaine Clermont-Ferrand (600 km)

Nombre de départements de résidence 1 (59)

MANU ET AURÉLINE

Emmanuelle, dite Manu, est la sœur aînée de Michaël et Guillaume. À 48 ans, elle est séparée de son ex-compagnon depuis plusieurs années et doit se débrouiller seule avec sa fille de 12 ans, Auréline, et son fils de 19 ans, Valentin. L'aîné, Aurélien, a pris son envol et vit dans la banlieue lilloise, à Marcq-en-Barœul.

Manu a quitté ses parents à 19 ans, un CAP d'employé de bureau en poche, pour se mettre en ménage, peu de temps avant d'avoir son premier enfant. Son compagnon refusait qu'elle travaille. Aujourd'hui, Manu ne quitte, pour ainsi dire, jamais la maison. Elle ne souhaite pas qu'Auréline connaisse la même vie qu'elle. La jeune fille est en sixième, elle estime ne manquer de rien mais elle sait que sa mère se prive pour elle.

Octobre 2018. Auréline est rentrée du collège, Manu surveille avec attention son carnet de correspondance et son cahier de texte.

Manu passe le plus clair de son temps dans la pièce principale de sa petite maison. Le grand écran fonctionne en continu.

C'est la pause déjeuner. Comme neuf élèves sur dix à Denain, Auréline rentre chez elle. L'établissement n'est qu'à deux rues de sa maison. Elle est accompagnée de sa voisine et amie, Camille, et de son cousin, Rodrigue.

Le 5 du mois, le RSA est versé sur le compte bancaire de Manu. Très vite, le porte-monnaie est vide. Si Auréline a une demande qui sort de l'ordinaire, comme aller à la patinoire, il arrive à Manu de solliciter son ex-compagnon afin qu'il participe financièrement.

Auréline ne fait ni shopping ni activités sportives ou culturelles. Elle voudrait s'inscrire à la danse le samedi mais elle hésite car, d'habitude, elle passe ce jour-là chez sa grand-mère.

Valentin est suivi par la Mission locale dans le cadre de la garantie jeune[1]. Il passe actuellement le permis de conduire et imagine son avenir ailleurs.

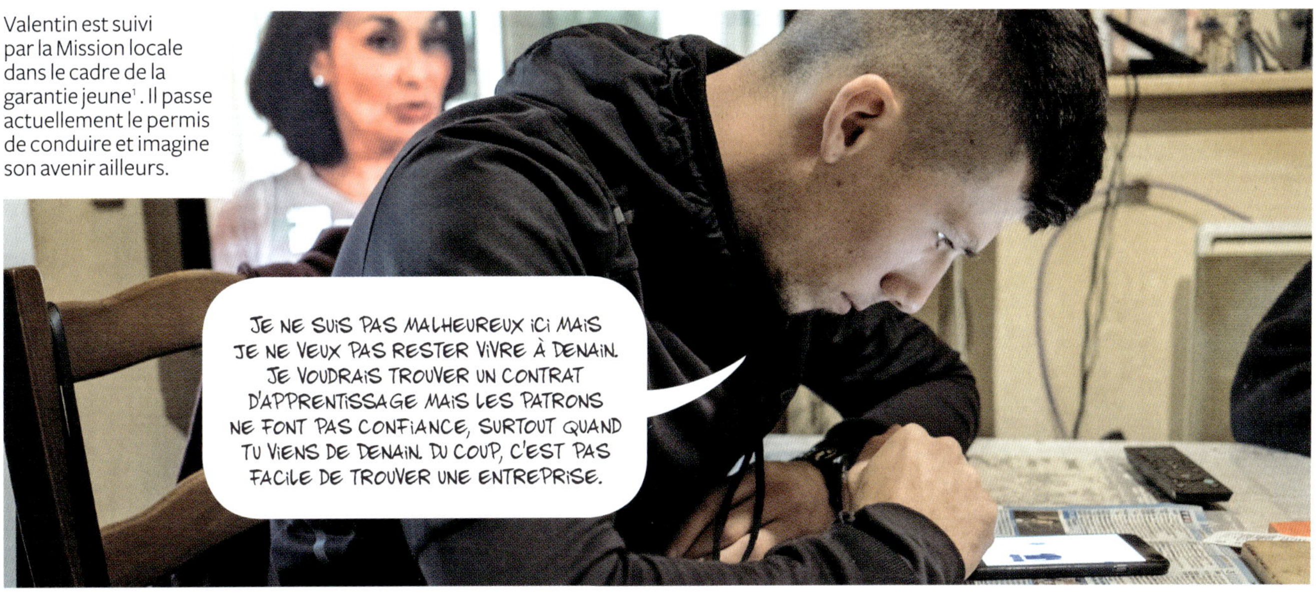

[1] Dispositif d'accompagnement des jeunes de 16 à 25 ans vers l'emploi. Montant de l'allocation : 484 euros par mois.

Comme souvent le mercredi après-midi, Auréline enfourche son vélo pour suivre Ghislaine, sa grand-mère, bénévole à l'Ephad Barbusse, une maison de retraite du quartier. Depuis qu'elle a 3 ans, Auréline y accompagne sa grand-mère.

Auréline et Ghislaine sont mises à contribution pour distribuer le goûter après la messe de l'après-midi.

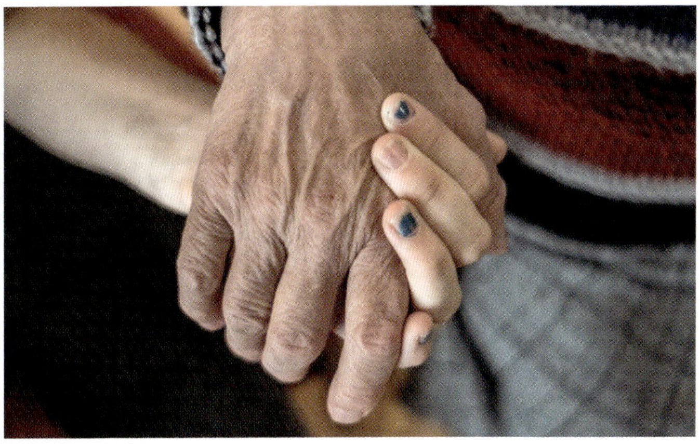

Devant la maison, on bavarde de tout et de rien avec les voisines : Mélanie, la belle-sœur de Manu, Isabelle la mère de Camille, petite copine de Rodrigue, le neveu de Manu.

J'AIME BIEN JOUER AVEC CAMILLE, C'EST MA SEULE COPINE QUI PEUT VENIR CHEZ MOI. MAMAN NE VEUT PAS QUE MES AUTRES COPINES VIENNENT, ELLE TROUVE QUE LA MAISON N'EST PAS ASSEZ BIEN.

ALORS PENDANT LES VACANCES, JE VAIS DORMIR CHEZ LES COPINES. SINON, JE VAIS CHEZ MON GRAND FRÈRE À MARCQ-EN-BARŒUL.

Décembre 2018. Depuis les premiers rassemblements de Gilets jaunes, Manu suit l'évolution du mouvement sur Facebook et à la télévision. De quoi alimenter les discussions avec Auréline et Ghislaine.

J'AI PRESQUE TOUT CE QUE JE VEUX. UN NOUVEAU TÉLÉPHONE, UNE PELUCHE LICORNE. C'EST VRAI QUE SI J'AVAIS UN PEU D'ARGENT, JE POURRAIS M'ACHETER UNE COQUE ET DES CHAUSSURES AVEC DES PETITS TALONS QUI FONT DU BRUIT. MAIS ÇA VA, J'AI LOUNA, MA CHIENNE D'AMOUR.
MANGO

TAM
17

19

Niveau d'études
Laëtitia : BEP Électrotechnique
Adrien : BEP Maintenance des systèmes automatisés

Revenu mensuel
2 100 € nets

Moyens de transport
voiture, tram, TGV

Temps passé dans les transports chaque jour Laëtitia : entre 0 et 30 minutes
Adrien : entre 1 et 4 heures

Distance parcourue
Adrien : 80 000 km par an en moyenne

Destination la plus lointaine Adrien : San Francisco, États-Unis (8 840 km)
Laëtitia : île de Fuerteventura aux Canaries (2 800 km)

Nombre de départements de résidence 9 (59, 74, 12, 6, 64, 29, 57, 63, 75)

ADRIEN ET LAËTITIA

Adrien, 31 ans, est né à Denain. Sa femme Laëtitia, 28 ans, fille de militaire, est née à Châlons-en-Champagne, mais toute sa famille est originaire de Denain et de Condé-sur-l'Escaut. Leur fils Ayden a deux ans. Enfant unique, Adrien a toujours connu la route. Son père, Jean-Yves, a commencé sa carrière dans les travaux publics à la société Eiffage. Au gré des chantiers, Adrien et sa mère, Nadia, le suivaient partout en France mais le point d'ancrage restait la maison familiale à Denain. Adrien a marché sur les traces de son père en travaillant sur les chantiers avec lui dès l'âge de 18 ans. Cette vie nomade s'est imposée comme une évidence.

Octobre 2017. C'est le week-end. Adrien boit un verre avec son père, Jean-Yves, à La Civette, un bistrot situé dans le centre de Denain. Jean-Yves est électrotechnicien pour Eiffage : il travaille sur le chantier de recouvrement des voies ferrées d'Austerlitz à Paris. Adrien a arrêté les missions pour Eiffage après la naissance de son fils Ayden. Il fait désormais de l'intérim pour Valdunes, un sous-traitant d'Alstom à Trith-Saint-Léger, à 10 km de Denain.

Janvier 2018. Adrien arrive chez sa grand-mère paternelle, Bernadette, pour l'apéritif du samedi. C'est un rituel qu'ils essaient de tenir le plus souvent possible : la famille se retrouve chez Bernadette le week-end.

ADRIEN !!! Y A TON PÈRE QUI EST LÀ !
BONJOUR ! COMMENT ÇA VA ICI ?
C'EST MAINTENANT QUE TU ARRIVES ? ON T'A PAS ATTENDU ! TU VEUX UNE COUPETTE ?

C'EST MA RÉCOMPENSE DE RETROUVER MON PETIT-FILS COMME ÇA LE WEEK-END. J'AIME BIEN MON TRAVAIL, LES CHANTIERS, MAIS SE RETROUVER CHEZ SOI AVEC LES SIENS, C'EST CE QU'IL Y A DE MEILLEUR.

C'est lundi, Jean-Yves rejoint le chantier de la gare d'Austerlitz. Il y passe la semaine.

À EIFFAGE, J'AI ATTENDU 3 ANS AVANT DE SIGNER UN CDI. AU DÉBUT CE N'ÉTAIT QUE DE L'INTÉRIM IL FALLAIT FAIRE SES PREUVES. J'EN AI FAIT DES CHANTIERS, DES VIADUCS, DES PONTS. MAIS LE PLUS BEAU, LE PLUS GRAND, ÇA A ÉTÉ MILLAU !

Y A QUE DES GARS DU NORD ICI ! LARBI, IL VIENT MÊME DE DENAIN.
ON EST PARTOUT ! IL FAUT BIEN DES COURAGEUX POUR TRAVAILLER ICI !

J'AI TOUS MES TRIMESTRES, MAIS JE SUIS OBLIGÉ D'ATTENDRE 62 ANS POUR PARTIR, SAUF SI J'ARRIVE À FAIRE RECONNAÎTRE MON HANDICAP. IL FAUT QUE JE M'EN OCCUPE. MAIS DÈS QUE JE PEUX PARTIR, JE PARS. ON EST QUAND MÊME BIEN À LA MAISON.

Comme chaque année, la course Paris-Roubaix passe par Denain. Jean-Yves et Adrien ne ratent jamais l'événement. Ils se sont positionnés à la sortie de Denain, dans le secteur pavé numéro 20, celui d'Haveluy, juste avant la légendaire trouée d'Arenberg.

C'ÉTAIT RAPIDE CETTE ANNÉE !
BAH OUI, IL FAIT BEAU.

Avril 2018. Laëtitia et Adrien sont dans leur appartement. Adrien a pris la décision de reprendre les missions avec Eiffage. Il a quitté son poste à Valdunes. Il attend d'être rappelé.

Pendant 12 ans, Adrien a enchaîné les missions pour Eiffage et d'autres entreprises de travaux publics partout en France, avant de mettre entre parenthèses sa vie professionnelle à la naissance de son fils. Son mode de vie s'en est trouvé bouleversé.

J'EN AI FAIT DES CHANTIERS : LA LOUVIÈRE, L'ARSENAL MILITAIRE À BREST, PARIS MASSÉNA, PAU, MAIZIÈRES-LÈS-METZ, LE GRAND STADE À LILLE, LE TECHNOCENTRE DE MICHELIN À CLERMONT, LA CENTRALE NUCLÉAIRE DE CATTENOM DANS LE 57.

C'EST SYMPA DE JOUER À LA PLAY, MAIS LÀ, JE TOURNE EN ROND, J'AIMERAIS BIEN REPRENDRE LE BOULOT.

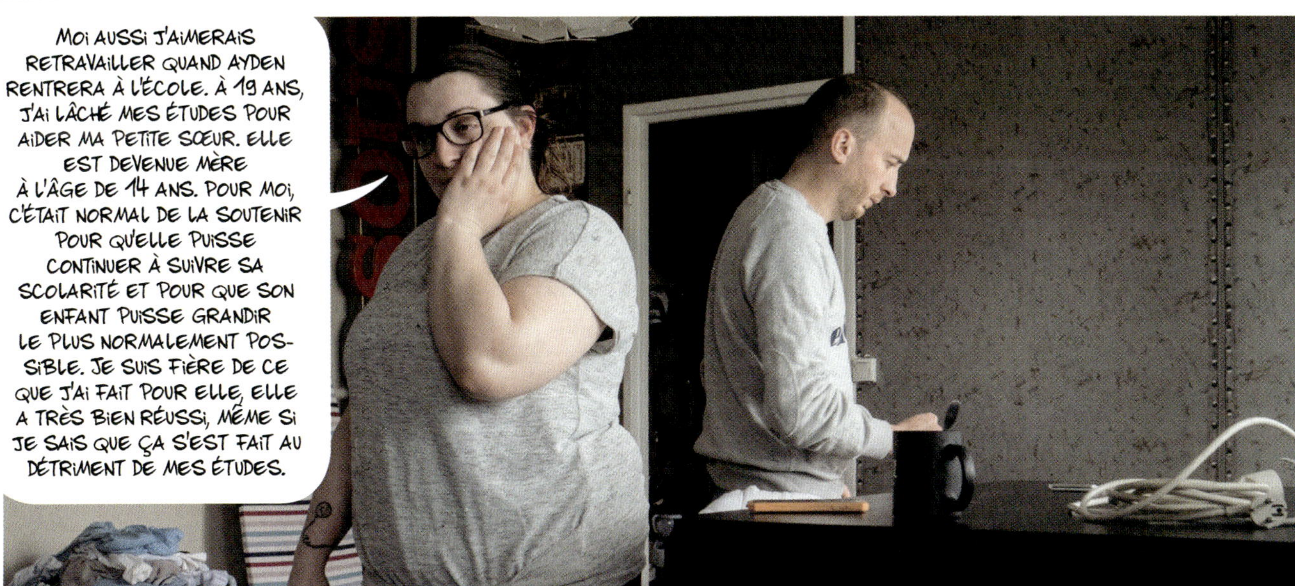
MOI AUSSI J'AIMERAIS RETRAVAILLER QUAND AYDEN RENTRERA À L'ÉCOLE. À 19 ANS, J'AI LÂCHÉ MES ÉTUDES POUR AIDER MA PETITE SOEUR. ELLE EST DEVENUE MÈRE À L'ÂGE DE 14 ANS. POUR MOI, C'ÉTAIT NORMAL DE LA SOUTENIR POUR QU'ELLE PUISSE CONTINUER À SUIVRE SA SCOLARITÉ ET POUR QUE SON ENFANT PUISSE GRANDIR LE PLUS NORMALEMENT POSSIBLE. JE SUIS FIÈRE DE CE QUE J'AI FAIT POUR ELLE, ELLE A TRÈS BIEN RÉUSSI, MÊME SI JE SAIS QUE ÇA S'EST FAIT AU DÉTRIMENT DE MES ÉTUDES.

Mai 2018. Bernadette, la grand-mère d'Adrien, fête ses 80 ans dans la salle Louis-Petit. Mère de six enfants, dont Jean-Yves, elle a de nombreux invités. Qu'ils soient membres de la famille ou amis, ils viennent parfois de loin.

Les invités visionnent un album de famille. Il y a notamment les photos de l'époque où la famille partait en vacances aux quatre coins du pays avec la Peugeot 404.

Pendant des vacances au Pays basque avec ses parents, alors qu'elle n'avait que 17 ans, Sylviane est tombée amoureuse. Elle est restée pour toujours dans cette région. Malgré la distance, Bernadette est très liée à sa fille aînée.

Propriétaire d'un gîte rural à Espelette, Sylviane a connu une vie très différente de celle qu'elle aurait eu en restant dans le Nord.

Juillet 2018. Depuis quelques semaines, Adrien a repris les missions et les déplacements dans les travaux publics. Il travaille avec son père sur le chantier de consolidation de l'échangeur de la Porte de Bagnolet à Paris.

Pendant ces travaux qui durent plusieurs mois, ils ne sont qu'une poignée à travailler sur un échangeur immense. L'opération est délicate : ils doivent soulever de quelques centimètres le tablier afin de le renforcer.

Gare de Valenciennes. C'est vendredi, la semaine de travail est terminée. Adrien est rentré en TGV.

Encore 30 minutes de tramway et il sera enfin à Denain.

Septembre 2018. Adrien travaille toujours sur le chantier de la Porte de Bagnolet mais, cette fois-ci, il n'est pas accompagné de son père, retourné sur le site d'Austerlitz.

DOUCHE OBLIGATOIRE AVANT DE RENTRER. QU'EST-CE QU'ON EN BOUFFE DE LA POUSSIÈRE ICI !

PARFOIS, ON DORT DANS LE BUNGALOW OU LA CAMIONNETTE POUR FAIRE DES ÉCONOMIES. J'AI TOUJOURS ÉTÉ HABITUÉ PAR MON PÈRE. QUAND J'AVAIS 13 ANS, IL M'EMMENAIT DÉJÀ SUR LES CHANTIERS PENDANT MES VACANCES SCOLAIRES POUR QUE JE VOIE LA RÉALITÉ DU MÉTIER.

Adrien rentre à Vitry-sur-Seine dans le Val-de-Marne où il loue une chambre dans une pension ouvrière.

Porte à porte, Adrien met environ une heure pour rejoindre la pension.

Décembre 2018. Adrien et Laëtitia ont emménagé dans un nouvel appartement plus clair et plus spacieux.

Ce samedi se déroule l'acte IV des Gilets jaunes. Une semaine après les incidents de l'Arc de Triomphe, les médias dramatisent le mouvement.
AU DÉBUT DU MOUVEMENT, JE ME SUIS SURTOUT MOBILISÉ SUR FACEBOOK. LE WEEK-END, C'EST POUR NOUS RETROUVER. MAIS, LÀ, JE VEUX ALLER SUR UN ROND-POINT.

C'EST CLAIR QUE, SANS AYDEN, ON SERAIT SUR LES RONDS-POINTS DEPUIS LE DÉBUT. MA MÈRE, ELLE A 55 ANS, ELLE GAGNE LE SMIC ET JE SAIS PAS QUAND ET COMMENT ELLE POURRA PARTIR EN RETRAITE. TOUT LE MONDE EN A RAS-LE-BOL.
IL FAUT QUE LE SMIC AUGMENTE !

548 INTERPELLATIONS
C'EST DÉJÀ CHAUD À PARIS ! MA MÈRE VOUDRAIT Y ALLER.
TU VERRAS, ÇA VA CONTINUER PENDANT LES FÊTES, MAIS FAUDRAIT PAS NON PLUS GÂCHER LE NOËL DES ENFANTS.

[1] CPE : Contrat première embauche, voté en 2006 sous le mandat présidentiel de Jacques Chirac et annulé après le tollé et les manifestations qu'il suscite.

Même si Adrien ne peut se mobiliser autant que les Gilets jaunes les plus déterminés, il soutient le mouvement à 100 %. Lui espère signer rapidement un CDI. En attendant, une mission singulière l'attend : avec son père, ils sont sollicités pour travailler à Kourou, en Guyane, sur le chantier de montage du futur pas de tir de la fusée Ariane.

D 645
DOUAI
ANICHE

Niveau d'études
sans diplôme

Revenu mensuel
850 € nets d'Allocation adulte handicapé (AAH)

Moyens de transport
bus, tram, TER, scooter, marche à pied

Temps passé dans les transports chaque jour
entre 0 et 1 heure

Distance parcourue chaque jour
entre 0 et 15 km

Destination la plus lointaine
Vannes (656 km)

Nombre de départements de résidence
2 (59, 62)

CHRISTIAN ET CHRISTIANE

Christian est né à Douai en 1968. Son père est venu de Marrakech, comme nombre de Marocains, pour travailler à la mine. Sa mère est originaire d'Escaudain, petite ville mitoyenne de Denain. Il vit avec Christiane dans une maisonnette de la cité Lesne, dans le quartier du Nouveau Monde. Le couple ne dispose que de l'Allocation adulte handicapé (AAH) de Christian et de l'Aide personnalisée au logement (APL) pour vivre. Les deux quinquagénaires sont assignés à domicile. Seul le petit scooter de Christian leur permet d'échapper de temps à autre à cet enfermement.

Novembre 2017
DE MA FAMILLE, IL NE ME RESTE QU'UNE COUSINE. À 14 ANS, MA MÈRE PUIS MON PÈRE SONT MORTS À QUELQUES MOIS D'INTERVALLE. MON PÈRE ÉTAIT ALCOOLIQUE ET VIOLENT. J'AI ÉTÉ PLACÉ EN FOYER À MARCQ-EN-BARŒUL. J'Y SUIS RESTÉ JUSQU'À MES 19 ANS. C'ÉTAIT DES BELLES ANNÉES, Y AVAIT LES COPAINS, ON RIGOLAIT.

C'ÉTAIT PAS COMME AVEC MES PARENTS. MON PÈRE AVAIT PAS LE PERMIS, JUSTE UNE MOBYLETTE, Y AVAIT JAMAIS DE VACANCES. POURTANT, Y AVAIT LES BONS DE LA CAF POUR PARTIR MAIS ON EST JAMAIS ALLÉS. JE SORTAIS JAMAIS DE SOMAIN.

C'EST AVEC LE FOYER QUE J'AI CONNU LES VACANCES ET VU LA MER POUR LA PREMIÈRE FOIS. J'AI ÉTÉ À VANNES EN BRETAGNE, ON EST RESTÉS 15 JOURS LÀ-BAS. C'ÉTAIT INCROYABLE ! QUAND ON EST PARTIS, JE PLEURAIS. CE SONT DES SOUVENIRS QUI SONT RESTÉS, ÇA M'A MARQUÉ.

Juin 2018

Steeve est un ami de Christiane. Il est venu aider Christian à faire quelques réparations sur son scooter.

Juillet 2018. C'est le 5 du mois : les allocations ont été versées. Christian et Christiane peuvent mettre un peu d'essence dans le réservoir et aller en Belgique chercher du tabac bon marché.

Pour se rendre à Quiévrain, juste après la frontière, le couple prend les petites routes.

Christiane et Christian se sont rencontrés voilà quinze ans. Longtemps, ils ont vécu séparément. Ils ont fini par se mettre en ménage il y a deux ans, comme pour mieux se soutenir l'un l'autre.

Quelques semaines plus tard, Christian s'est fait dérober son scooter dans la cabane de sa courette. Il cherche en vain un scooter d'occasion à 300 euros maximum.

LA CARTE D'ÉLECTEUR, JE L'AI DÉCHIRÉE. ÇA SERT À RIEN ! MACRON, IL A DIT QU'IL EN AVAIT MARRE DE CLAQUER PLEIN DE POGNON POUR NOUS. ET PENDANT CE TEMPS-LÀ, IL SUPPRIME L'IMPÔT SUR LA FORTUNE, C'EST PAS NORMAL ! NOUS, ON NOUS BAISSE L'APL, LES ALLOCATIONS, ÇA ME BOUFFE LA GUEULE ! IL FAUDRAIT FAIRE UN NOUVEAU MAI 68.

IL NOUS A TRAITÉS DE BONS À RIEN, DE GAULOIS RÉFRACTAIRES. QU'IL RESPECTE SON PEUPLE ! JE VEUX BIEN TRAVAILLER MALGRÉ MA VUE. JE ME SUIS RENSEIGNÉ, AVEC UN EMPLOI ADAPTÉ, 4 HEURES PAR JOUR, JE GAGNERAIS LA MÊME CHOSE QU'AUJOURD'HUI. AUTANT RESTER CHEZ SOI.

IL NOUS A DIT DE TRAVERSER LA RUE POUR TROUVER DU BOULOT, J'AI UN MUR EN FACE DE CHEZ MOI, TU CROIS QU'ON VA ME DONNER UN BOULOT ??

Août 2018. Comme tous les ans, le parti communiste du Nord organise une journée à la mer pour les « privés de vacances ». Christian et Christiane sont du voyage au départ de Denain.

Le couple est arrivé à destination :
Malo-les-Bains, la plage de Dunkerque.

AU PORT, JE T'Ai DEMANDÉ, ELLE EST OÙ LA MER ?
J'ÉTAIS HEUREUSE !
BAH OUi, TU CONNAiSSAiS PAS LES MARÉES ET PUiS ELLE EST REMONTÉE LA MER.

ARTICLES DE PLAGE
SOUVENIRS
CADEAUX
JOUETS
Au Petit Baigneur
COUQUE SUISS
LA VERITABLE
Ets. RUELLO
J'Ai ATTENDU 47 ANS POUR VOiR LA MER EN VRAi POUR LA PREMiÈRE FOiS DE MA ViE ! MAiNTENANT, ON Y VA TOUS LES ANS.

La journée à la mer est finie, le couple est sur la route du retour. Denain n'est qu'à 1 h 30 de la côte en voiture.

PELFORT
Kronenbourg

Kronenbourg
Kronenbourg
AU
DENAIN ATHLÉTIQUE
Rue
VOLTAIRE
MIAMI
BEACH
SURF
CLUB

Niveau d'études BTS Commerce
Revenu mensuel 900 € nets en contrat PEC (Parcours emploi compétences)
Moyens de transport marche à pied et voiture
Temps passé dans les transports chaque jour entre 10 et 90 minutes
Distance parcourue chaque jour entre 1 et 100 km
Destination la plus lointaine Sétif, Algérie (2 000 km)
Nombre de départements de résidence 1 (59) et Algérie

FATMA ET FATIMA

Fatma a 24 ans. Titulaire d'un BTS de commerce, elle voudrait changer de voie et se forme au métier d'éducatrice à Frameries, en Belgique. Elle travaille en parallèle dans un centre social au Faubourg Duchateau à Denain.

Fatma est l'aînée d'une famille d'origine algérienne.

Sa mère, Fatima, 44 ans, est née à Valenciennes d'un père travailleur immigré algérien et d'une mère française. Quand elle a 11 ans, alors que la sidérurgie est en crise, son père décide de repartir vivre en Algérie avec sa famille. Fatima y rencontrera son mari, Brahim ; et ses deux aînés dont Fatma y naîtront. En 1998, Fatima et Brahim décident de s'installer en France — Fatima souhaite suivre sa mère rentrée en France après la mort de son mari. Aujourd'hui, Fatima vit avec sa mère, son mari, ses trois enfants, Fatma, Abdelhamid et Moussa, à Denain.

Le frère de Fatma, Abdelhamid, 23 ans, travaille pour une plateforme téléphonique à Valenciennes, après un bac S et un BTS Comptabilité et gestion.

[1] BAFA : Brevet d'aptitude aux fonctions d'animateur.

AUJOURD'HUI, ON A DU MAL À S'EN SORTIR, ON VIT PAS BIEN. HEUREUSEMENT QU'IL Y A LA FAMILLE.

L'ARGENT, C'EST EN COMMUN. TOUT CE QUE L'ON GAGNE, C'EST POUR LA FAMILLE. COMME ÇA, ON MET UN PEU DE CÔTÉ CHAQUE MOIS POUR POUVOIR PARTIR EN ALGÉRIE L'ÉTÉ. ON GÈRE BIEN LE PEU QU'ON A.

MES PARENTS AVAIENT TOUJOURS DES DETTES, ÇA M'A TRAUMATISÉE. MON PÈRE A TRAVAILLÉ DUR À USINOR. IL EST ARRIVÉ EN FRANCE À 18 ANS POUR ÊTRE EMBAUCHÉ LÀ-BAS. IL ÉTAIT DE NUIT. QUAND J'ÉTAIS PETITE, JE CROYAIS QU'IL ÉTAIT DANS UN BUREAU, IL VOULAIT PAS QU'ON SACHE QU'IL TRAVAILLAIT À L'USINE. IL PARTAIT AVEC SA PETITE VALISE OÙ IL METTAIT SON SANDWICH. JE ME SOUVIENS, IL PRENAIT SA PETITE MOTO ET DÉMARRAIT DANS LA NUIT. NOUS, ON TROUVAIT ÇA SUPER.

Brahim, 48 ans, est ouvrier du bâtiment, en invalidité pour des problèmes de dos.
Il rentre du café où il joue aux dominos avec ses copains : son moment de plaisir.

Centre social du Faubourg Duchateau. Fatma y travaille pour financer sa formation. Et trois fois par semaine, elle quitte le centre à 16 heures pour rejoindre la Belgique.

Fatma n'a pas le permis de conduire. Pour se rendre à Frameries, une ville située à 50 kilomètres de Denain, elle n'a d'autre choix que la voiture. Les transports en commun sont inexistants alors que les transfrontaliers sont nombreux dans les deux pays.

JE VAIS À L'ÉCOLE TROIS SOIRS PAR SEMAINE.
EN TOUT, J'AI BESOIN D'UN PLEIN PAR SEMAINE. ON FAIT 700 KM ENVIRON.

MAIS ÇA ME DÉRANGE PAS D'EMMENER MA FILLE À L'ÉCOLE. J'AIME BIEN CONDUIRE, MÊME SI ÇA NOUS COÛTE DE PLUS EN PLUS CHER AVEC L'AUGMENTATION DU GASOIL : 280 EUROS PAR MOIS !

E19 Bruxelles
E42 Liège
Mons-Centre
24
B501

Catégorie SOCIALE
Catégorie ECONOMIQUE
Catégorie PEDAGOGIQUE
Catégorie TECHNIQUE
CENTRE de RECHERCHE
www.hecfh.be
CAMPUS SOCIAL
L'AVANTAGE DE VENIR ICI C'EST QUE LES ÉCOLES SONT PLUS ACCESSIBLES QU'EN FRANCE ET LA PÉDAGOGIE EST PLUS NOVATRICE. JE REGRETTE PAS MON CHOIX, MÊME SI C'EST FATIGANT.

SOLDES

Niveau d'études
Martine : CAP Service à la personne
Michaël : sans diplôme

Revenu mensuel 3 100 € nets

Moyens de transport voiture et camion

Temps passé dans les transports chaque jour
Martine : 30 minutes
Michaël : 11 heures

Distance parcourue chaque jour
Martine : 10 km
Michaël : 700 km

Destination la plus lointaine Cannes (1 100 km)

Nombre de départements de résidence 1 (59)

MICHAËL ET MARTINE

Michaël, 47 ans, a toujours vécu à Denain. Il est le cadet d'une fratrie de six. Il est notamment le frère de Guillaume. Ses parents se sont séparés alors qu'il n'avait que 8 ans. Sa mère, Ghislaine, a dans un premier temps assumé seule l'éducation des enfants. Et puis face aux difficultés, Michaël a été placé en foyer avant de finalement atterrir chez une tante. Il rencontre Martine très jeune et enchaîne les petits boulots avant de devenir routier. Parmi ses frères et sœurs, il est le seul à travailler. Routier depuis plus de vingt ans, il parcourt chaque nuit 700 km entre la France et l'Allemagne avec un semi-remorque de 44 tonnes. Martine, 47 ans, a également toujours vécu à Denain. Elle aussi est issue d'une fratrie de six.
Elle a assuré l'éducation de ses trois enfants : Laura, Cypriane et Allan, avant de reprendre un travail.

Décembre 2017. Michaël s'apprête à partir au travail pour une longue nuit de route entre la France et l'Allemagne.

C'est la pause à Euskirchen en Allemagne.

Avril 2018. Michaël est en vacances pour une semaine dans le camping municipal de Dannes, dans le Pas-de-Calais, avec sa femme, Martine, sa fille aînée, Laura, et sa petite-fille. Le routier apprécie le calme de cette petite station balnéaire située à 1 h 30 de route de Denain, non loin de Boulogne-sur-Mer.

Sébastien, le compagnon de Laura, est en mission d'intérim dans le BTP, juste à côté, à Boulogne-sur-Mer. Pendant cette semaine de vacances, il peut profiter de sa famille en dormant au camping le soir.

Juin 2018. Martine est aide à domicile, employée d'une association à Denain qui l'envoie chez des personnes âgées.

J'AI COMMENCÉ À TRAVAILLER DÈS QU'ALLAN, MON PLUS JEUNE, EST ENTRÉ À L'ÉCOLE. ÇA FAIT 15 ANS. J'AI BESOIN DE TRAVAILLER. LE SALAIRE DE MICHAËL NE SUFFIT PAS POUR TOUTES LES DÉPENSES. ON A ENCORE LA MAISON À PAYER ET, NOUS, ON A PAS D'AIDES SOCIALES.

FRANCE INFO, IL EST 8 H 30 : CRISE MIGRATOIRE - MACRON VEUT TRAVAILLER DAVANTAGE AVEC LES PAYS DE TRANSIT. LE CANARD ENCHAÎNÉ RAPPORTE QUE L'ÉLYSÉE A COMMANDÉ UN NOUVEAU SERVICE DE VAISSELLE À 500 000 EUROS.
LE GÉNÉRAL DE GAULLE, LUI, IL PAYAIT AVEC SON ARGENT LES FACTURES DE CHAUFFAGE À L'ÉLYSÉE.

AU REVOIR MARTINE. PORTEZ-VOUS BIEN.
AU REVOIR MONSIEUR RUDANT. À LA SEMAINE PROCHAINE.

Juillet 2018. Depuis deux mois, Michaël travaille de jour. Il part de chez lui à 6 heures du matin.
JE SUIS CREVÉ. IMPOSSIBLE DE DORMIR HIER SOIR. Y A ENCORE LES TIOTS DES VOISINS QUI ONT JOUÉ AU BALLON DANS LA RUE, ÇA TAPE DANS LES VOITURES. ILS TRAVAILLENT PAS, LEURS PARENTS. ILS S'EN FOUTENT EUX ! AUJOURD'HUI, C'EST LE 5, ÇA VA ÊTRE LA JAVA ! UN SAMEDI MATIN QUE JE TRAVAILLE PAS, JE VAIS PRENDRE RENDEZ-VOUS AVEC LA MAIRESSE. ILS ONT MIS DES CAMÉRAS DANS LA RUE, MAIS ÇA SERT À RIEN. ILS ENVOIENT PAS DE PATROUILLE, LA MUNICIPALE. ILS DORMENT DEVANT LEURS ÉCRANS OU QUOI ?! NOUS, À DENAIN, ON EST OBLIGÉS DE SE FAIRE RESPECTER AVEC LES CAS SOC'.

Michaël récupère les clefs de son camion dans l'entreprise qui l'emploie. Le siège est à 15 minutes en voiture de chez lui.

J'AI VÉRIFIÉ QUE LA REMORQUE ÉTAIT BIEN ACCROCHÉE, ON NE SAIT JAMAIS.

AVANT DE PARTIR, JE REMPLIS LES PAPIERS DE LA CARGAISON, COMME ÇA JE SUIS TRANQUILLE, CE SERA FAIT POUR LES ALLEMANDS, JE PASSERAI PLUS VITE.

EN 1997, QUAND J'AI COMMENCÉ, Y AVAIT MOINS DE VOITURES ET DE CAMIONS, C'ÉTAIT FLUIDE, ALORS QU'AUJOURD'HUI, ON EST EMBÊTÉS TOUS LES JOURS. DANS LES VOITURES, ON VOIT TOUJOURS UNE PERSONNE, Y A TOUJOURS DU MONDE, À N'IMPORTE QUELLE HEURE, C'EST À SE DEMANDER OÙ LES GENS VONT !

DANS MA VIE, J'AI RÉUSSI. J'AI MON TRAVAIL, MA FEMME, MA BAGNOLE, MA MAISON. ON PART EN VACANCES, PAS LOIN, PAS LONGTEMPS, MAIS ON PART EN VACANCES. ENFIN BON, ON SE PRIVE, FAUT PAS CROIRE. ON VA JAMAIS AU RESTO OU SI PEU. J'AI PAS TOUT CE QUE JE VOUDRAIS. MES FRÈRES, ILS NE VEULENT PAS TRAVAILLER, ILS SONT BIEN COMME ÇA, ILS VIVENT AVEC CE QU'ILS ONT, JE LES PLAINS PAS. LES SOUS, ILS TOMBENT PAS DU CIEL.

Olpe
Köln
Venlo
Koblenz
Kerpen
Horrem

Michaël est arrivé à 13 heures dans l'immense plateforme logistique d'Euskirchen en Allemagne.

Sur la route du retour.

ALLÔ ! JE SUIS À LA FRONTIÈRE. ON SERA PAS À LA BOUTIQUE AVANT 19 HEURES, ÇA ROULE DOUCEMENT.
ALORS ? Ç'A ÉTÉ AUJOURD'HUI ?
OUAIS, Ç'A ENCORE BLOQUÉ AU RETOUR À LA FRONTIÈRE BELGE. JE SUIS SORTI À DOUR, ON A PRIS LES PETITES ROUTES, MÊME SI ON A PAS LE DROIT.

Novembre 2018. Le mouvement des Gilets jaunes a démarré quelques jours auparavant. Michaël et son beau-fils, Sébastien, se sont immédiatement joints au mouvement.

Michaël, Mélanie et Samuel partent ensemble pour le rond-point de Somain, situé à quelques kilomètres.

Ce vendredi 23 novembre, la mobilisation n'en est qu'à ses débuts. Mais environ 150 personnes sont présentes sur ce rond-point. À Denain, hormis devant le supermarché Carrefour, il n'y a pas de point de rassemblement. La mobilisation s'est cristallisée dans un premier temps devant le dépôt de carburant de Douchy-les-Mines, puis à Somain.

Le climat est tendu après les incidents de la veille. Mais les Gilets jaunes présents ce soir-là ne cherchent pas à affronter les forces de l'ordre. Du côté des gendarmes mobiles, la tension est palpable : ils interviennent systématiquement quand les piétons traversent trop lentement les passages cloutés.

Comme la plupart des gens ici, c'est la première fois de sa vie que Michaël participe à un mouvement social.

DU BASSIN AUX BASES-VIES

ARNAUD LE MARCHAND SOCIOLOGUE UNIVERSITÉ DU HAVRE

Le terme est trompeur : le bassin n'est pas un lieu clos, à l'activité unique. Dès le début de leur existence, aux alentours de 1830, les bassins industriels sont des espaces divers aux frontières floues. On y trouve des activités qui ne sont pas directement dépendantes du charbon ou des manufactures, parfois sans liens autres que ténus avec leur voisinage ; il y a encore de l'agriculture. Il est plus facile de voir leur centre, puits ou hauts-fourneaux, que de définir leurs contours. Quand leur déclin s'est amorcé, plus ou moins irréversible, pour certains dès les années 1950, pour d'autres à la fin des années 1960, ils ont à nouveau été perçus de loin comme des espaces homogènes ; de près, ils restaient pourtant plus contrastés. Leurs habitants n'étaient pas condamnés à la malédiction attachée au charbon, assignés à résidence par le chômage, et irrémédiablement déconnectés des changements économiques et sociaux.

Ces bassins industriels ont aussi été des laboratoires d'autres rapports à l'espace et aux mobilités. Tandis que l'on célèbre, dans les années 1990, la « circulation des élites », s'opère une réorganisation de l'espace de travail des familles qui y vivent toujours. Sortis de l'usine et de la mine, nombre d'ouvriers du bassin sont pourtant vus par les pouvoirs publics et les employeurs comme les sujets d'une lente et continue déqualification, voire disqualification sociale.

Or, ils sont de plus en plus mobiles, contraints d'aller chercher des emplois toujours plus loin, d'arpenter des zones plus vastes pour travailler. Tanguy parcourt plus de 500 kilomètres chaque nuit pour livrer les boulangeries des Hauts-de-France. Leurs pratiques se sont adaptées au développement de la sous-traitance, à l'externalisation des activités de maintenance industrielle, qui ne sont plus attachées à un seul site, et aux choix des grands groupes du BTP ou des travaux publics, qui préfèrent embaucher des salariés qu'ils connaissant déjà, quitte à engager des circulations longues, plutôt que de prendre le risque de recruter sur place, ce qui n'est pas toujours possible. Jean-Yves a longtemps sillonné la France avec sa femme et son fils Adrien, au gré des chantiers d'Eiffage. Si, en 1995, la proportion de salariés en déplacement dans les chantiers de maintenance industrielle était déjà notable, elle s'élève aujourd'hui à souvent plus de 85 %. Majoritairement, mais non exclusivement, des hommes, parfois seuls, souvent en groupe.

Le tour de France

Voici dix ans, il y avait déjà dans les campings des salariés en déplacement, telle cette équipe qui œuvrait dans le génie électrique, de chantier en chantier, composée d'hommes de tous âges. Ils venaient du même village de Lorraine d'où la sidérurgie avait disparu. Ils formaient une maisonnée en mouvement, même s'ils n'étaient pas de la même famille. En 2017, sur un chantier de montage d'un silo à sucre, les ouvriers, qui y avaient installé des caravanes, expliquaient la nécessité de se déplacer par le besoin de trouver de nouveaux marchés, au-delà du bassin d'implantation de leur entreprise, à savoir la Moselle et ses silos fluviaux. Les mauvaises moissons des années précédentes avaient retardé les investissements dans les équipements de stockage des grains, ils s'étaient donc reconvertis dans le sucre, et ils allaient de port en port. Parmi les raisons de l'extension de leur zone d'intervention, les changements climatiques apparaissaient comme un facteur de mobilités imprévues. Ces personnes disposaient d'une adresse et d'un logement stable, mais parfois la caravane ou le camion aménagé était leur vrai domicile.

La condition d'ouvrier et d'ouvrière « en déplacement », ces nouveaux saisonniers, se rencontre aussi dans le secteur tertiaire, en particulier à l'hôpital et dans le secteur du travail social. Le *care* porté par des femmes entre plusieurs lieux de travail en est un exemple, comme Martine, aide à domicile pour une association locale. De ce point de vue, les pratiques de mobilité nées sur les bassins industriels délaissés furent avant-gardistes : non de la fin du travail mais des nouveaux déplacements. La progression continue de l'activité des laveries automatiques est un des nombreux signes indirects de cette réorganisation du salariat et du travail domestique qui l'accompagne. Le travail détaché en est l'extension, à flux tendu, à l'échelle européenne.

Le travail est à l'image du Tour de France, devenu métaphore de l'existence du travailleur intermittent, qui doit gagner sa vie d'étape en étape, en traversant des conditions différentes, et non plus celles régissant un unique lieu de travail. Le coureur, les équipes rivales, le peloton, la caravane logistique, la discontinuité des étapes, qui font des sauts transfrontaliers, et la communication instantanée : autant d'éléments qui se retrouvent dans ce nouveau travail, loin du domicile. Chaque jour, Michaël, le mari de Martine, avale ainsi 700 kilomètres de route entre deux plateformes logistiques, l'une en France, l'autre en Allemagne.

La fixité des habitants est l'une des causes avancées par les économistes de la persistance du chômage dans les anciens bassins industriels. Propriétaires d'un logement, parfois construit par les anciens employeurs, devenu invendable à cause de la déprime économique environnante, ils ne peuvent bouger pour prendre un autre emploi sans perdre ce patrimoine. Ces maisons qui les ancrent sont devenues comme des bases-vies – ces bâtiments en préfabriqué sur les chantiers – qui permettent d'aller travailler loin ou dans les métropoles, en dépit de la hausse des prix de l'immobilier. Jean-Yves et Adrien travaillent maintenant ensemble en région parisienne et ne rentrent à Denain que le week-end. Ces travailleurs en déplacement, s'ils vivent et pensent local, sont, sans déménager, embarqués dans des changements globaux.

MOBILE À TOUT PRIX

SYLVIE LANDRIÈVE GÉOGRAPHE DIRECTRICE DU FORUM VIES MOBILES

C'est une chose de vouloir « bouger pour s'en sortir », comme le dit le sociologue Éric Le Breton, encore faut-il savoir et pouvoir le faire. Tout le monde ne peut devenir travailleur mobile, comme Michaël, Adrien ou Jean-Yves, ou déménager, comme le tiers de la population de Denain l'a fait depuis la fermeture d'Usinor. Si les milieux populaires ont intégré la nécessité impérative d'être mobiles, nombreuses sont les personnes modestes dont la liberté de mouvement est très contrainte, voire entravée par la société et ses règles, qu'elles soient économiques, juridiques ou sociales. Ces freins sont d'autant plus mal vécus que l'aptitude croissante à se déplacer pour avoir un emploi devient une injonction.

Or, qu'il s'agisse de devoir préparer et organiser un déplacement, lire un plan, se repérer et s'orienter dans un environnement nouveau, utiliser des applications numériques de localisation et d'itinéraires, *a fortiori* quand on ne dispose pas de voiture et qu'il faut maîtriser les trajets des transports collectifs, leurs horaires et leurs tarifs, voire faire face aux imprévus, tout cela demande un apprentissage de plus en plus lourd avec la complexification de nos modes de vie (séparation entre le domicile et le travail, familles recomposées…).

Pour bien vivre ses déplacements, savoir se comporter et se sentir à l'aise, pour bâtir ses propres projets de mobilité plutôt que de se les voir imposer (changement de travail, déménagement), rien ne remplace l'expérience. En effet, connaissances et pratiques de mobilité se nourrissent l'une l'autre : on aura d'autant plus vite son permis qu'on savait déjà faire du vélo, on sera d'autant plus performant pour se déplacer qu'on saura utiliser internet et les applications numériques (GPS en voiture, applications pour les itinéraires ou les horaires de transports), on ressentira d'autant moins le déplacement comme une contrainte qu'on aura appris à en utiliser les temps morts (pour se reposer, pour lire ou pour écouter de la musique).

BESOIN D'AUTOMOBILE

Tout cela concourt à faire des déplacements une réelle épreuve, tant physique que sociale. Sortir de son quartier, aller dans des endroits peu familiers, parfois loin de son domicile, pour chercher un emploi ou pour suivre une formation, cela demande de surmonter son appréhension, de vaincre son anxiété, de ne pas être trop intimidé, ne serait-ce qu'afin de demander de l'aide pour s'orienter. D'autant que plus on est modeste, moins on dispose d'informations (les applications numériques restent coûteuses), moins on a d'alternatives en cas d'incidents de parcours (comme la capacité financière de se payer le taxi pour pallier la suppression d'un train), plus il est nécessaire de planifier ses déplacements et de prendre de la marge pour ne pas transformer cette mobilité en calvaire.

L'instabilité grandissante de l'emploi pour les employés et les ouvriers contribue à nourrir leur besoin d'automobile et le désir d'émancipation qui va avec. Autant de jobs, autant de lieux à rejoindre. La voiture est d'autant plus indispensable dans les milieux populaires que leurs emplois sont souvent multi-sites (comme les métiers de services à la personne ou ceux des aides ménagères ou médicales) et mal desservis en transport, que ce soit à cause de leurs horaires flexibles et décalés (le week-end, tôt le matin et tard le soir, voire la nuit) ou de leur localisation (rarement en centre-ville, plutôt dans les zones d'activités et d'entrepôts logistiques essentiellement desservies par la route). Dans les territoires en déprise économique et démographique, où l'emploi est rare, comme la ville de Denain, c'est encore plus crucial, quitte à y consacrer une part significative de ses revenus.

VIVRE EN PROXIMITÉ

Savoir conduire se révèle alors être une compétence indispensable. Le permis de conduire est considéré par les employeurs comme un diplôme minimal, son obtention contribue à donner confiance aux personnes éloignées de l'emploi. De plus, il n'est pas possible de refuser un emploi à moins d'une heure de chez soi, sous peine de perdre l'allocation chômage. Mais en France, le permis est cher et difficile à décrocher, prohibitif pour les plus pauvres. À tel point que, dans le cadre d'une politique qui considère la mobilité comme un passeport vers l'emploi, un vaste système d'aides au passage du permis, piloté par les départements, voire les communes, s'est mis en place. L'activité est même suffisamment lucrative pour intéresser des groupes privés. Malheureusement, en pratique, ces aides répondent très mal au problème, avec beaucoup d'abandons en cours de route, liés entre autres à leur inadaptation à la situation de l'emploi populaire qui nécessite des ajustements permanents — changement de lieux, d'horaires… À défaut, sans permis et sans voiture personnelle, il faut pouvoir compter sur l'entraide familiale et amicale. Du covoiturage et de l'autopartage, informels et bénévoles.

Finalement, la mobilité prônée et louée par une société où tout le monde doit être « en marche » devient une injonction paradoxale pour les milieux populaires : on présuppose qu'ils ne savent ni ne veulent bouger tout en construisant des règles qui peuvent les empêcher de le faire quand ils le souhaitent. Si savoir conduire est réellement un sésame pour accéder à l'emploi, pourquoi ne pas plutôt instaurer la gratuité du permis et un service public d'auto-école 24 heures sur 24? Comment se déplacer si on possède une voiture qui n'aura bientôt plus le droit de rouler — parce qu'elle ne passe pas le contrôle technique, qu'elle marche au diesel et qu'on a fermé le garage solidaire? Comment se réinsérer quand on est assigné à résidence par la justice? Cette fabrique de bonnes et de mauvaises mobilités participe au contrôle social des populations, tout particulièrement des plus modestes.

L'autre paradoxe, et pas le moindre, est d'attendre de ces populations modestes toujours plus de mobilité à l'heure où l'on réfléchit aux conséquences environnementales des déplacements motorisés et où l'on pourrait, au contraire, s'appuyer sur le souhait largement partagé de vivre « en proximité », de sorte que domicile et travail se situent dans un périmètre restreint. Ce mode de vie présenterait des avantages supplémentaires pour les plus modestes qui ne peuvent se payer les services que leur rend bénévolement leur réseau social de voisinage (garde d'enfants, par exemple). Mais ce serait une remise en cause de la société telle qu'elle fonctionne aujourd'hui.

L'IMMOBILITÉ : REMÈDE À LA PAUVRETÉ

LESLIE BELTON-CHEVALLIER SOCIOLOGUE **INSTITUT FRANÇAIS DES SCIENCES ET TECHNOLOGIES DES TRANSPORTS, DE L'AMÉNAGEMENT ET DES RÉSEAUX**

Selon l'Enquête nationale transports et déplacements (INSEE, 2008), Guillaume appartient aux 15 % de personnes qui ne sont pas sorties de chez elles pendant la journée : il est immobile. Il l'est d'autant plus qu'il sort très peu souvent de chez lui, à savoir une à deux fois par semaine, pour aller faire des courses ou donner des coups de main à gauche, à droite. Cette immobilité quotidienne se double d'une immobilité plus globale, que ce soit sur le plan des vacances, du travail, de la résidence ou de son milieu social. Guillaume est né et a grandi à Denain où il a toujours vécu, dans une famille pauvre d'origine populaire. Il ne part jamais en vacances, comme la plupart des membres de sa famille, qui vivent quasiment tous à Denain et qui, comme lui, ne travaillent pas ou peu, vivent du RSA ou autres minima sociaux. À l'image de Denain et du territoire industriel local, Guillaume est considéré comme représentatif des déclassés, des exclus de la société. L'immobilité, le fait de rester chez soi ou de ne pas s'en éloigner, serait à la fois un stigmate et une source de cette exclusion.

L'IMMOBILITÉ INCLUSIVE

Malgré leur relative immobilité et la frugalité de leurs modes de vie, Guillaume et sa famille savent tirer parti des ressources à proximité : le supermarché du centre-ville, les écoles, la Belgique à 30 kilomètres où le tabac est moins cher et surtout leur réseau amical et familial ; ils y trouvent autant qu'ils les sollicitent bons plans, coups de main moyennant finance ou services. Pourraient-ils bénéficier de ces ressources ailleurs? L'épreuve risque d'être difficile à surmonter. Et pour quel bénéfice? Un meilleur niveau de vie? Les seuls emplois accessibles compte tenu de leurs niveaux de qualification sont peu rémunérés et sources de dépenses en voiture, essence, voire garde d'enfants. Pourquoi partir en vacances ? Pour dépenser son argent dans un luxe dont il ne restera que des souvenirs alors qu'on pourrait profiter tous les jours d'une console vidéo, d'un hoverboard, de livres ou de vêtements neufs ?

L'immobilité est d'autant moins le stigmate d'une forme d'exclusion qu'elle n'est pas perçue comme telle. De fait, elle est même source explicite d'inclusion. Guillaume investit paradoxalement beaucoup dans sa voiture, qui lui sert moins à se déplacer qu'à marquer son inscription sociale locale : il la customise, la décore au gré des événements, elle est la preuve qu'il sait réparer des voitures et qu'il peut réparer celles des autres. Moins qu'un outil de déplacement, la voiture est un instrument d'inscription sociale, d'inclusion, une vitrine immobile des compétences de Guillaume. Il y a dans la vie de tous les jours de ces immobiles pauvres davantage de raisons de rester immobiles que de répondre à une injonction à la mobilité qui les excluraient de leurs territoires et réseaux, de leur ancrage.

ÊTRE MOBILE SANS BOUGER

L'absence de déplacement ou de mobilité peut donc être signe, témoin, d'inclusion ou d'insertion. Synonyme d'absence de déplacements ou de peu de déplacements, l'immobilité n'est pourtant pas nécessairement antagoniste avec la mobilité. De fait, elles sont complémentaires et peuvent être prises en compte conjointement. C'est d'autant plus le cas si on élargit la définition de la mobilité, si on la considère comme un déplacement événementiel dont l'expérience marque durablement l'individu, sa trajectoire, son cadre de vie, son inscription sociale, etc. Pour cette raison, les sciences humaines et sociales, au premier rang desquelles la sociologie et la géographie, ont d'abord privilégié l'étude de la mobilité sociale ou des migrations, des déménagements. L'essor du tourisme mais aussi l'expérience de déplacements liés au travail de plus en plus longs ont conduit à un élargissement du spectre des mobilités observées ou, du moins, à qualifier de mobilités des activités qui n'étaient pas considérées comme telles auparavant. Si parler de la mobilité suppose d'abord de savoir de quelle(s) mobilité(s) on parle, il est frappant de constater que le terme est souvent utilisé sans se saisir pleinement de son apport sémantique. Intégrer le vécu du déplacement à son analyse amène à considérer d'autres éléments que les distances parcourues, les temps passés ou sa fréquence. Ainsi, les consultants internationaux sans cesse entre deux avions sont peu transformés par leurs déplacements incessants qu'ils vivent de manière routinière et dont le vécu est sensiblement identique : ils peuvent être considérés comme immobiles alors même qu'ils se déplacent beaucoup. À l'inverse, pour les enfants d'Aline et Guillaume, le dépaysement a lieu à quelques mètres ou kilomètres de chez eux : les week-ends chez la grand-mère maternelle à deux rues de leur domicile, les excursions à la base nautique du coin pendant l'été, l'épreuve quotidienne d'aller au lycée technique qui est dans la ville d'à côté, etc. Il n'est donc pas besoin de se déplacer beaucoup ou loin pour être mobile. Il n'est même pas utile de se déplacer physiquement. Ainsi Guillaume voit surtout le monde à travers sa télévision, ce qui constitue une forme de mobilité certes imaginée mais non moins réelle.

Les associations souvent expéditives qui gouvernent l'usage des mots de la mobilité amènent à minimiser la complexité des situations. Immobilité ne rime pas nécessairement avec exclusion, absence de déplacement ne rime pas forcément non plus avec absence de mobilité. Ce faisant, la situation des populations immobiles ou moins mobiles, comme Guillaume, pourrait être pensée autrement. Enfin, et même si le résultat n'est pas nouveau, il mérite d'être martelé : si les « immobiles » s'en sortent, c'est grâce aux ressources qu'ils trouvent et connaissent sur leurs territoires, que ces dernières émanent de leurs propres réseaux sociaux, ou de l'implantation d'acteurs privés ou publics pourvoyeurs en emplois et surtout services.

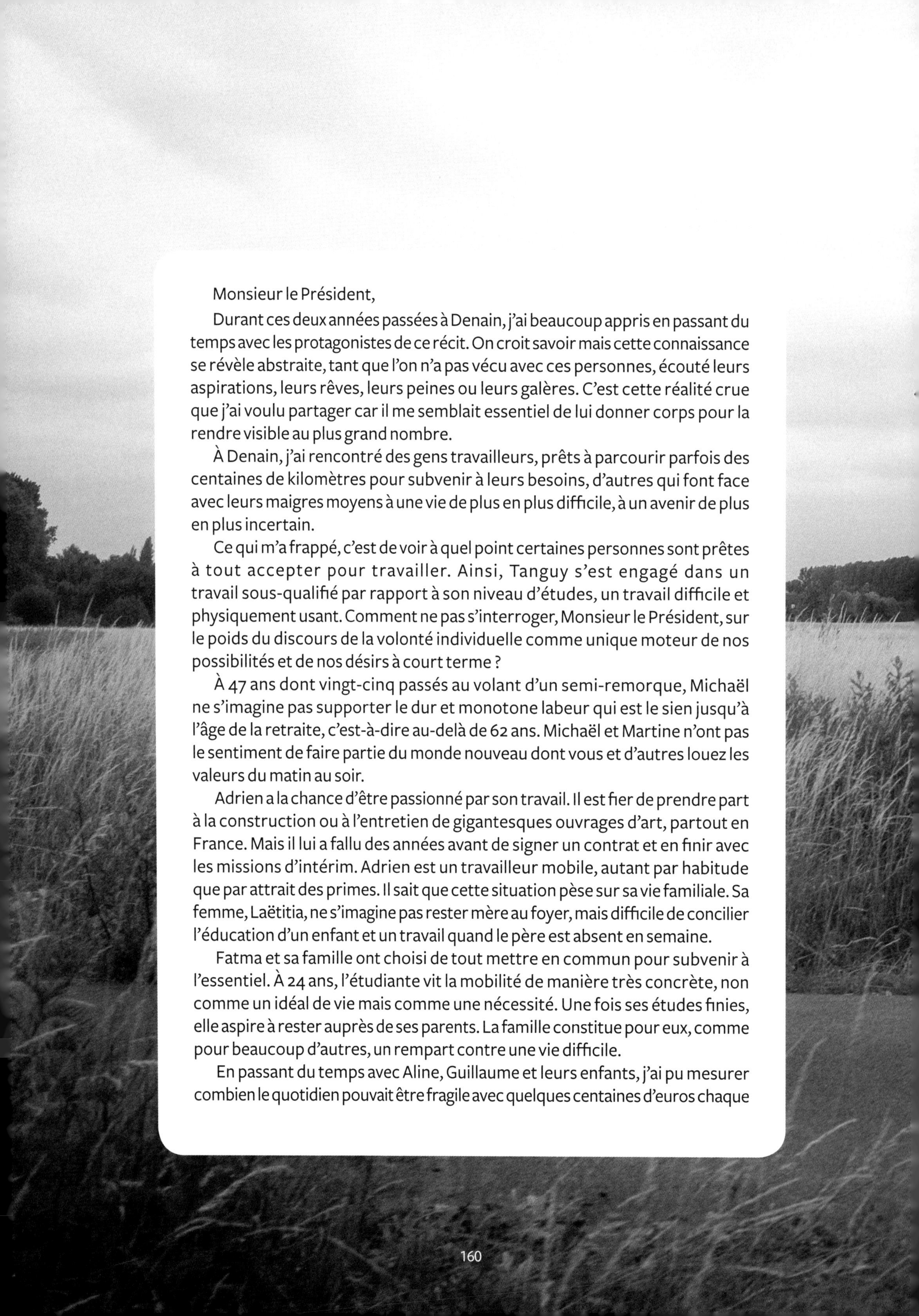

Monsieur le Président,

Durant ces deux années passées à Denain, j'ai beaucoup appris en passant du temps avec les protagonistes de ce récit. On croit savoir mais cette connaissance se révèle abstraite, tant que l'on n'a pas vécu avec ces personnes, écouté leurs aspirations, leurs rêves, leurs peines ou leurs galères. C'est cette réalité crue que j'ai voulu partager car il me semblait essentiel de lui donner corps pour la rendre visible au plus grand nombre.

À Denain, j'ai rencontré des gens travailleurs, prêts à parcourir parfois des centaines de kilomètres pour subvenir à leurs besoins, d'autres qui font face avec leurs maigres moyens à une vie de plus en plus difficile, à un avenir de plus en plus incertain.

Ce qui m'a frappé, c'est de voir à quel point certaines personnes sont prêtes à tout accepter pour travailler. Ainsi, Tanguy s'est engagé dans un travail sous-qualifié par rapport à son niveau d'études, un travail difficile et physiquement usant. Comment ne pas s'interroger, Monsieur le Président, sur le poids du discours de la volonté individuelle comme unique moteur de nos possibilités et de nos désirs à court terme ?

À 47 ans dont vingt-cinq passés au volant d'un semi-remorque, Michaël ne s'imagine pas supporter le dur et monotone labeur qui est le sien jusqu'à l'âge de la retraite, c'est-à-dire au-delà de 62 ans. Michaël et Martine n'ont pas le sentiment de faire partie du monde nouveau dont vous et d'autres louez les valeurs du matin au soir.

Adrien a la chance d'être passionné par son travail. Il est fier de prendre part à la construction ou à l'entretien de gigantesques ouvrages d'art, partout en France. Mais il lui a fallu des années avant de signer un contrat et en finir avec les missions d'intérim. Adrien est un travailleur mobile, autant par habitude que par attrait des primes. Il sait que cette situation pèse sur sa vie familiale. Sa femme, Laëtitia, ne s'imagine pas rester mère au foyer, mais difficile de concilier l'éducation d'un enfant et un travail quand le père est absent en semaine.

Fatma et sa famille ont choisi de tout mettre en commun pour subvenir à l'essentiel. À 24 ans, l'étudiante vit la mobilité de manière très concrète, non comme un idéal de vie mais comme une nécessité. Une fois ses études finies, elle aspire à rester auprès de ses parents. La famille constitue pour eux, comme pour beaucoup d'autres, un rempart contre une vie difficile.

En passant du temps avec Aline, Guillaume et leurs enfants, j'ai pu mesurer combien le quotidien pouvait être fragile avec quelques centaines d'euros chaque

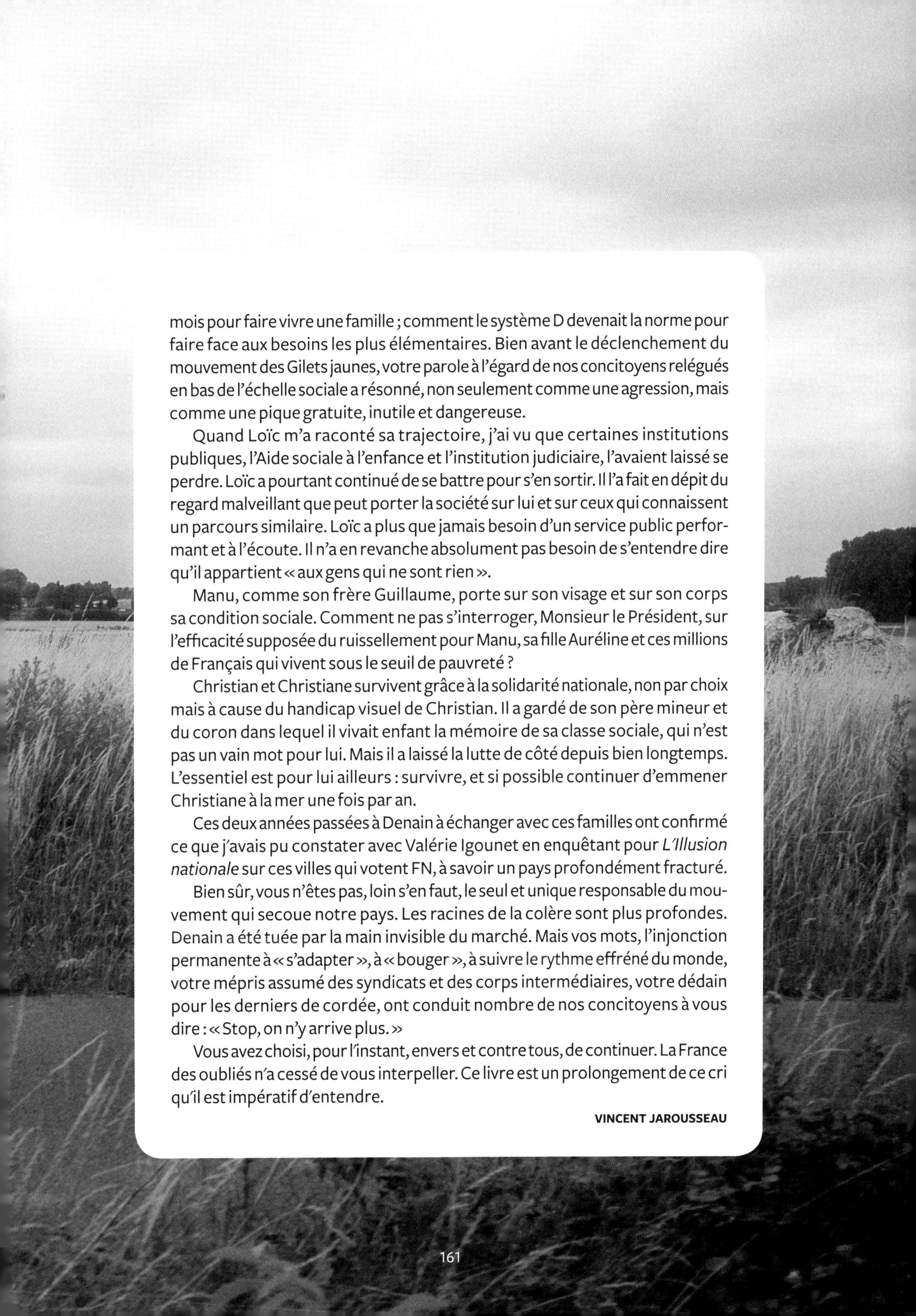

mois pour faire vivre une famille ; comment le système D devenait la norme pour faire face aux besoins les plus élémentaires. Bien avant le déclenchement du mouvement des Gilets jaunes, votre parole à l'égard de nos concitoyens relégués en bas de l'échelle sociale a résonné, non seulement comme une agression, mais comme une pique gratuite, inutile et dangereuse.

Quand Loïc m'a raconté sa trajectoire, j'ai vu que certaines institutions publiques, l'Aide sociale à l'enfance et l'institution judiciaire, l'avaient laissé se perdre. Loïc a pourtant continué de se battre pour s'en sortir. Il l'a fait en dépit du regard malveillant que peut porter la société sur lui et sur ceux qui connaissent un parcours similaire. Loïc a plus que jamais besoin d'un service public performant et à l'écoute. Il n'a en revanche absolument pas besoin de s'entendre dire qu'il appartient « aux gens qui ne sont rien ».

Manu, comme son frère Guillaume, porte sur son visage et sur son corps sa condition sociale. Comment ne pas s'interroger, Monsieur le Président, sur l'efficacité supposée du ruissellement pour Manu, sa fille Auréline et ces millions de Français qui vivent sous le seuil de pauvreté ?

Christian et Christiane survivent grâce à la solidarité nationale, non par choix mais à cause du handicap visuel de Christian. Il a gardé de son père mineur et du coron dans lequel il vivait enfant la mémoire de sa classe sociale, qui n'est pas un vain mot pour lui. Mais il a laissé la lutte de côté depuis bien longtemps. L'essentiel est pour lui ailleurs : survivre, et si possible continuer d'emmener Christiane à la mer une fois par an.

Ces deux années passées à Denain à échanger avec ces familles ont confirmé ce que j'avais pu constater avec Valérie Igounet en enquêtant pour *L'Illusion nationale* sur ces villes qui votent FN, à savoir un pays profondément fracturé.

Bien sûr, vous n'êtes pas, loin s'en faut, le seul et unique responsable du mouvement qui secoue notre pays. Les racines de la colère sont plus profondes. Denain a été tuée par la main invisible du marché. Mais vos mots, l'injonction permanente à « s'adapter », à « bouger », à suivre le rythme effréné du monde, votre mépris assumé des syndicats et des corps intermédiaires, votre dédain pour les derniers de cordée, ont conduit nombre de nos concitoyens à vous dire : « Stop, on n'y arrive plus. »

Vous avez choisi, pour l'instant, envers et contre tous, de continuer. La France des oubliés n'a cessé de vous interpeller. Ce livre est un prolongement de ce cri qu'il est impératif d'entendre.

VINCENT JAROUSSEAU

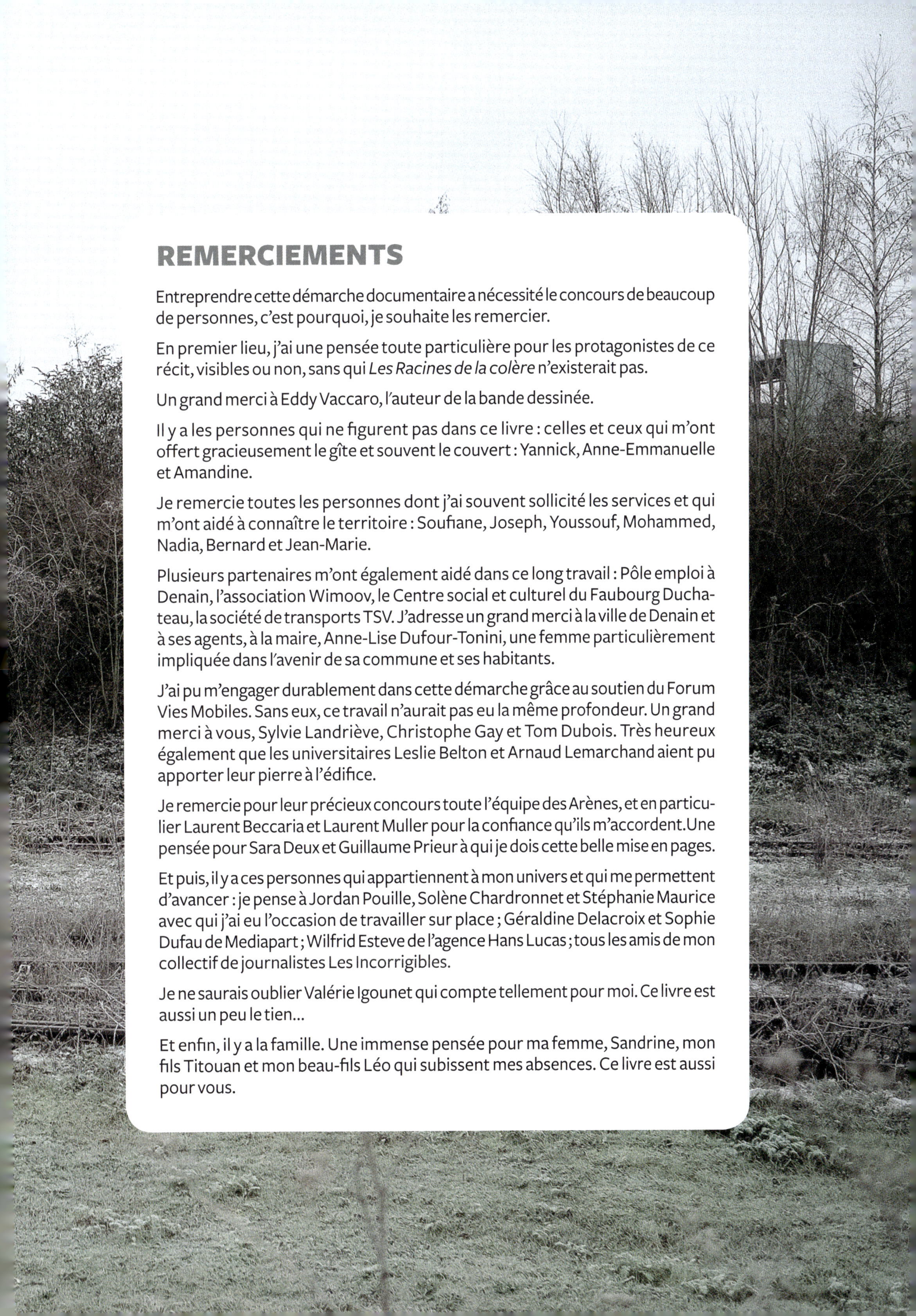

REMERCIEMENTS

Entreprendre cette démarche documentaire a nécessité le concours de beaucoup de personnes, c'est pourquoi, je souhaite les remercier.

En premier lieu, j'ai une pensée toute particulière pour les protagonistes de ce récit, visibles ou non, sans qui *Les Racines de la colère* n'existerait pas.

Un grand merci à Eddy Vaccaro, l'auteur de la bande dessinée.

Il y a les personnes qui ne figurent pas dans ce livre : celles et ceux qui m'ont offert gracieusement le gîte et souvent le couvert : Yannick, Anne-Emmanuelle et Amandine.

Je remercie toutes les personnes dont j'ai souvent sollicité les services et qui m'ont aidé à connaître le territoire : Soufiane, Joseph, Youssouf, Mohammed, Nadia, Bernard et Jean-Marie.

Plusieurs partenaires m'ont également aidé dans ce long travail : Pôle emploi à Denain, l'association Wimoov, le Centre social et culturel du Faubourg Duchateau, la société de transports TSV. J'adresse un grand merci à la ville de Denain et à ses agents, à la maire, Anne-Lise Dufour-Tonini, une femme particulièrement impliquée dans l'avenir de sa commune et ses habitants.

J'ai pu m'engager durablement dans cette démarche grâce au soutien du Forum Vies Mobiles. Sans eux, ce travail n'aurait pas eu la même profondeur. Un grand merci à vous, Sylvie Landriève, Christophe Gay et Tom Dubois. Très heureux également que les universitaires Leslie Belton et Arnaud Lemarchand aient pu apporter leur pierre à l'édifice.

Je remercie pour leur précieux concours toute l'équipe des Arènes, et en particulier Laurent Beccaria et Laurent Muller pour la confiance qu'ils m'accordent.Une pensée pour Sara Deux et Guillaume Prieur à qui je dois cette belle mise en pages.

Et puis, il y a ces personnes qui appartiennent à mon univers et qui me permettent d'avancer : je pense à Jordan Pouille, Solène Chardronnet et Stéphanie Maurice avec qui j'ai eu l'occasion de travailler sur place ; Géraldine Delacroix et Sophie Dufau de Mediapart ; Wilfrid Esteve de l'agence Hans Lucas ; tous les amis de mon collectif de journalistes Les Incorrigibles.

Je ne saurais oublier Valérie Igounet qui compte tellement pour moi. Ce livre est aussi un peu le tien...

Et enfin, il y a la famille. Une immense pensée pour ma femme, Sandrine, mon fils Titouan et mon beau-fils Léo qui subissent mes absences. Ce livre est aussi pour vous.

L'EXEMPLAIRE QUE VOUS TENEZ ENTRE LES MAINS A ÉTÉ RENDU POSSIBLE GRÂCE AU TRAVAIL DE TOUTE UNE ÉQUIPE.

ÉDITION : Laurent Muller, Victoria Scoffier, Hélène de Virieu

COUVERTURE ET CONCEPTION GRAPHIQUE : Sara Deux
MISE EN PAGE : Guillaume Prieur
PHOTOGRAVURE : Image Press Édition
RÉVISION : Audrey Guillemet et Isabelle Paccalet
FABRICATION : Marie Baird-Smith
COMMERCIAL : Pierre Bottura
PRESSE/COMMUNICATION : Isabelle Mazzaschi et Adèle Hybre
RELATIONS LIBRAIRES : Jean-Baptiste Noailhat

DIFFUSION : Élise Lacaze (Rue Jacob diffusion), Katia Berry (grand Sud-Est), François-Marie Bironneau (Nord et Est), Charlotte Jeunesse (Paris et région parisienne), Christelle Guilleminot (grand Sud-Ouest), Laure Sagot (grand Ouest), Diane Maretheu (coordination) et Charlotte Knibiehly (ventes directes), avec Christine Lagarde (Pro Livre), Béatrice Cousin et Laurence Demurger (équipe Enseignes), Fabienne Audinet (LDS), Bernadette Gildemyn et Richard Van Overbroeck (Belgique), Nathalie Laroche et Alodie Auderset (Suisse), Kimly Ear (Grand Export)

DISTRIBUTION : Hachette

DROITS FRANCE ET JURIDIQUE : Geoffroy Fauchier-Magnan
DROITS ÉTRANGERS : Sophie Langlais

ENVOIS AUX JOURNALISTES ET LIBRAIRES : Patrick Darchy
LIBRAIRIE : Laurence Zarra
ANIMATION : Sophie Quetteville

COMPTABILITÉ ET DROITS D'AUTEUR : Christelle Lemonnier, Camille Breynaert et Christine Blaise
SERVICES GÉNÉRAUX : Isadora Monteiro Dos Reis

ISBN : 978-2-7112-0126-6
N° d'impression : 2466
Dépôt légal : mars 2019
Achevé d'imprimer en France par Pollina Fastline en février 2019